세 계 를 읽 다

터키

아른 바이락타롤루 지음 | 정해영 옮김

가지 KINDS BOOK

일러두기

1. 원서의 최신 버전은 2009년도에 출간된 개정 4판으로, 그 후 터키 사회에서 달라진 부분은 한국 출판사 편집팀에서 조사, 검토해 원고에 반영했습니다.
2. 터키의 역사 · 문화 · 사회에 대해 좀 더 깊이 있는 정보가 필요하다고 생각되는 부분은 역주를 통해 보강했으며, 한국 현실에 맞게 반드시 고쳐져야 할 실용 정보들(입국절차, 일자리 구하기, 자녀교육 등)도 수정해서 실었습니다.
3. 책에 실린 인명, 지명 및 고유명사의 표기는 브리태니커 백과사전을 따랐으며, 사전에 따로 명시되지 않은 생활 언어들은 최대한 현지 발음에 근거해 표기했습니다. 인명과 지명은 대부분 한글로만 표기하고, 현지에서 의사소통을 위해 필요하다 싶은 단어들에는 터키어를 병기했습니다.

가기 전에 먼저 읽는 인문여행 시리즈

〈세계를 읽다〉에 대하여

한국에 본격적인 세계여행 안내서가 만들어진 것은 1980년대 후반, 해외여행 자유화 조치 바람을 타고 일본 책을 번역 출간한 〈세계를 간다〉(당시 중앙일보사 펴냄) 시리즈가 원조 격이었다. 그 후로 30년 가까이 된 지금, 매우 다양한 세계여행 안내서가 출간되고 있지만 더 세련되고 세분화된 정보서로 거듭났을 뿐 유명 여행지 중심의 관광 정보가 주를 이룬다는 점에서 큰 차별은 없다.

그에 반해 이 시리즈 〈세계를 읽다〉는 장소보다는 사람 그리고 그들의 삶에 초점을 맞춘 본격적인 세계문화 안내서로서, 이방인의 눈에 낯설게 느껴질 수밖에 없는 현지인의 생활문화, 관습과 예법들을 역사적 배경지식과 함께 쉽고 친절하게 알려준다. 첫 출간 후 30여 년이 지난 지금까지도 꾸준히 업데이트되며 세계적인 명성과 권위를 누리고 있는 〈컬처쇼크CultureShock〉 시리즈를 번역한 책이라는 점에서 콘텐츠에 대한 신뢰성도 높다.

컬처쇼크, 즉 '문화충격'이란 익숙한 장소를 떠나 낯선 환경에 던져진 사람이라면 누구나 겪을 수 있는 혼란스러운 상태를 말한다. 이 시리즈는 해외에 거주하거나 일정 기간 머무는 사람들이 새로운 환경에서 겪는 문화충격을 완화하는 데 도움을 주어왔다. 실제로 그 나라에서 살아보며 문화적으로 적응하는 기쁨과 위험을 몸소 체험한 저자들이 그런 혼란스러운 감정에 좀 더 효과적으로 대처하기 위해 필요한 모든 정보를 알려준다. 글은 읽기 쉬운 문체로 쓰였으며, 독자들을 충분한 조언과 암시, 정보로 무장시켜 낯선 곳에서 최대한 정상적이고 즐거운 생활을 영위할 수 있도록 돕는다. 책 안에는 현지 문화와 전통에 관한 통찰력 있는 해설, 적응에 필요한 모든 조언들, 현지인들과 소통할 수 있는 언어 정보, 여행 경험을 더욱 깊숙하게 연마해줄 방법 등이 포함되어 있다.

목차

제6장 터키 음식 즐기기

제7장 터키의 문화예술

제8장 터키어 익히기

제9장 터키에서 일하기

제10장 터키 속성 노트

서문

터키인들은 멀리 떨어진 곳에서 생각지도 못한 지인을 만나면 이렇게 말한다. "세상 참 좁네." 기술의 진보 덕분에 매일 밤 각자의 응접실에서 세상을 만날 수 있는 오늘날처럼 이 말이 딱 들어맞은 적은 없었을 것이다. 그러나 터키인들이 세계 대부분의 나라와 민족과 문화의 특성들에 관해 보고 듣고 배우고 있지만, 다른 세상 사람들에게 그들은 여전히 '동양과 서양의 중간지대 어디쯤'에서 흐릿한 안개에 휩싸인 신비로운 존재로 남아있다. 터키식 젤리과자, 카펫, 수건, 담배, 커피……. 대부분의 외부인이 터키를 생각할 때 떠올리는 것은 고작 이런 것들이다. 그러나 이런 빈약한 목록을 넘어 이곳에는 세상 어느 곳보다 풍부한 문화와, 이방인을 따뜻하게 맞이해주는 사람들이 있다.

대부분의 휴가 앨범이 똑같은 지중해 여행지 사진들로 빼곡해서 더 이상 사적일 것도 매력적일 것도 없어진 이때, 터키는 참신함을 추구하는 휴가객들에게 인기 장소로 급부상했다. 풍부한 문화를 맛보러 온 사람들은 자신들의 선택을 후회하지 않는다. 그 이유 중 하나는 터키가 제공하는 수많은 볼거리 때문이다. 몇 가지만 예를 들자면, 동부에는 아라라트 산과 반 호수, 서부에는 트로이, 에페수스[1], 아프로디시아스(사랑의 여신 아프로디테의 이름을 딴 도시) 같은 고대 도시들, 북부에는 깎아지른 듯한 절벽에 웅장하게 건설된 트라브존의 쉬멜라 수도원, 그리고 남쪽에는 클레오파트라가 일몰을 보곤 했다는 황금빛 해변이 있다. 파묵칼레의 목화 꽃송이처럼 새하얀 성을 이루고 있는 석회암 층과 계단처럼 이어진 석회질의 비취빛 물웅덩이들, 넴루트 산의 기념비적 석상들, 한때 화산이었던 카파도키아의 일명 '요정의 굴뚝' 바위 같은 내륙의 보물들도 놓칠 수 없는 경이로운 풍경이다. 물론 왕관 속 보석에 견줄 만한 도시, 뾰족한 첨탑과 고대 교회와 아름다운 궁전과 정교한 건물의 기초들을 간직한 문화 도시 이스탄불도 있다(빈민가나 불법거주자 구역 같은 20세기에 새로이 추가된 곳들도 잊지 말자).

서점에서 '터키'라고 표시된 서가를 보면, 지금까지 언급한 장소 외에도 많은 매력적인 곳들을 소개하는 여행 책자들이 넘쳐난다. 그러나 정작 터키의 문화와 사람들, 터키인의 관습과 특성, 버릇에 대해서는 여전히 알려진 것이 많지 않다. 오늘날 터키를 방문하는 사람들에게는 단순히 원형경기장의 역사나 고대 유적지의 위치를 아는 것보다 터키인들과 소통하는 법이나 터키인들을 기분 좋게 하는 법, 터키인들과 충돌을 피하는 법, 즐거운 분위기에 동참하는 법, 민감한 문제에 정중하게 대처하는 법 등을 아는 것이 더 중요하다.

특히 일시적이건 영구적이건 터키에서 정착하려는 기업인들과 학자들과 연구자들, 그리고 터키 문화에 지대한 관심을 가진 사람들과 단순히 온화한 기후가 좋아 터키를 찾은 은퇴한 사람들에게는 이런 지식이 더욱 더 중요할 것이다.

이 책은 이런 것들을 염두에 두고 준비했다. 여러분은 이 미지의 땅에서 많은 새로운 친구들을 만날 것이고 결국 세상이 좁다는 말에 동의하게 될 것이다.

터키 *TURKEY*

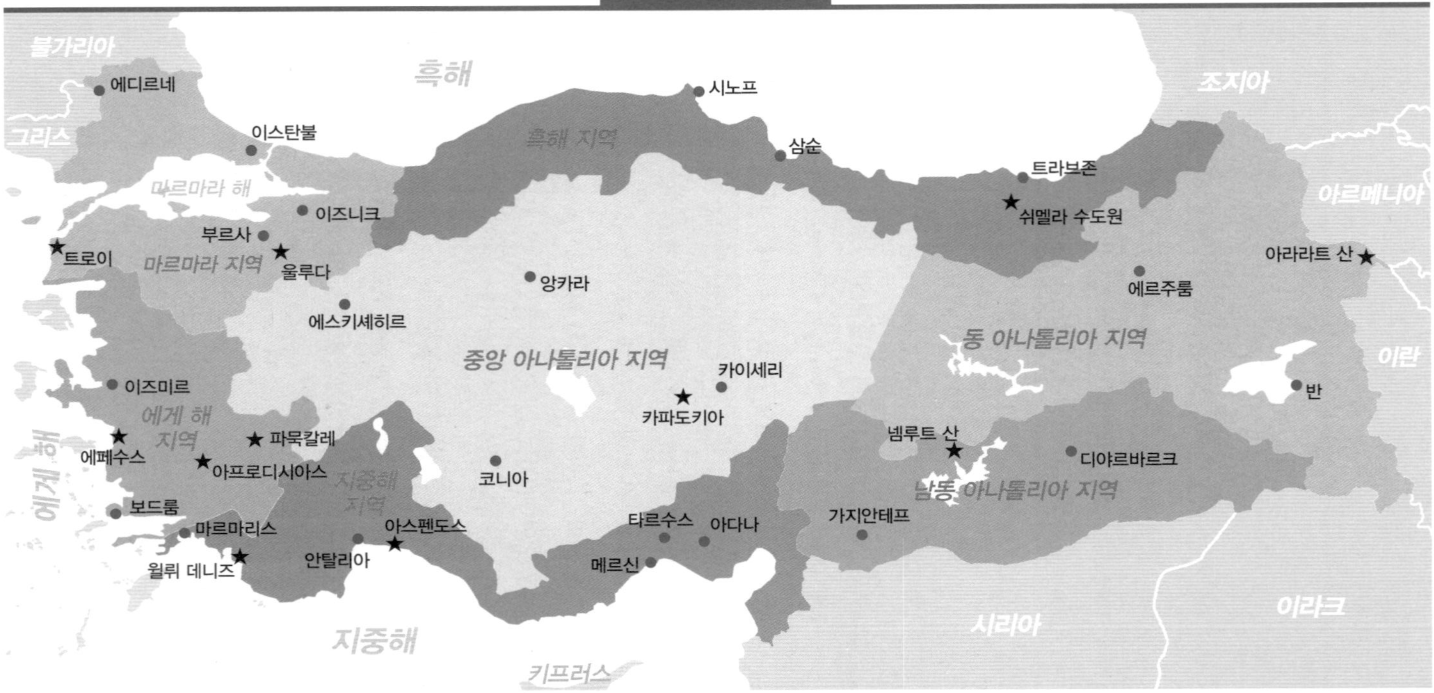

불가리아
그리스
흑해
조지아
아르메니아
이란
이라크
시리아
키프러스
지중해
에게 해
마르마라 해
흑해 지역
마르마라 지역
에게 해 지역
지중해 지역
중앙 아나톨리아 지역
동 아나톨리아 지역
남동 아나톨리아 지역
에디르네
이스탄불
이즈니크
부르사
울루다
트로이
에스키셰히르
앙카라
시노프
삼순
트라브존
쉬멜라 수도원
에르주룸
아라라트 산
반
이즈미르
에페수스
파묵칼레
아프로디시아스
보드룸
마르마리스
욀뤼 데니즈
안탈리아
아스펜도스
코니아
카파도키아
카이세리
메르신
타르수스
아다나
가지안테프
넴루트 산
디야르바르크

1

첫인상

가장 알려지지 않은 것만큼
사람들이 굳게 믿는 것은 없다.

– 미셸 드 몽테뉴

"어머, 터키인이 아니시구나. 그런데 꼭 터키인 같네요." 한 친절한 노부인이 마치 칭찬이라도 하듯 내 남편에게 말했다. 노부인은 캠브리지에 있는 레스토랑에서 우리 옆 테이블에 앉아 있었는데, 우연치 않게 대화를 트게 된 후 한참동안 이런저런 얘기를 나누던 중에 나온 말이었다. 나는 노부인의 구분법이 조금은 당황스러웠다. 내게는 터키인과 터키인 같다는 것이 거의 같은 말로 들렸기 때문이다. 그러나 노부인은 분명 그 두 개념에 다른 의미를 부여하고 있었다. 그리고 당시에 난 그 부분에 대해 거의 문외한이었다.

약간의 조사를 해보니 뭔가 알 것 같았다. 수세기 동안 서방세계에서 터키에 대한 이미지는 판타지와 두려움의 극치였다. 이는 대체로 뇌가 알려지지 않은 것을 처리할 때 동원되는 혼합적 반응이다. 오스만 군대의 군사력과 유럽 진출은 '터키인'이라는 단어를 일반화시키는 데 일조했다. 떼를 부리는 아이들은 "저기 터키 사람이 온다!"는 으름장을 들어야 했고, "이 지독한 터키인아!" 같은 말도 나왔다. 그러니 터키인이라는 단어가 결국 공포감을 조성하는 도구가 된 것도 놀랄 일은 아니다. 예를 들어 헝가리 아이들은 무섭게 보이려고 연에 '터번을 두른 터키인'을 그려 넣었다고 한다.

17세기 인쇄술의 발명으로 글을 읽고 쓸 줄 아는 사람이 많아짐에 따라 책은 지식(그것이 진실이건 거짓이건)을 전파하는 유용한 도구가 되었다. 크리스토퍼 말로(희곡 『탬벌레인 대왕』)

와 존 드라이든(1675년 작 『오랑 제브』의 표지 삽화) 같은 작가의 작품은 터키인의 의리부동과 잔인성을 노골적으로 묘사해 부정적인 인상을 심어주는 데 한몫했다. 이들은 터키 땅을 밟아 본 적도 없고 아마도 평생 터키인을 한 명도 만나보지 못했을 것이다. 셰익스피어의 작품에서도 터키인을 이교도, 기만적인 바람둥이로 언급한 것을 확인할 수 있다.

- "뭣이라! 우리가 터키인이거나 이교도라고 생각하는가? 아니면 우리가 법을 어기고 무분별하게 그 악당을 처단해야 한다고 생각하는가? –『리처드 3세』 3막 5장
- "포도주를 끔찍이 좋아했고, 노름에 빠졌으며, 여자라면 터키인을 능가했지……" –『리어왕』 3막 4장, 에드가의 대사
- "이런, 이건 난폭하고 잔인한 스타일이군. 도전자들의 스타일. 이런, 그녀가 내게 도전한 거야. 기독교인에게 도전하는 터키인처럼……" –『뜻대로 하세요』 3막 4장, 로잘린드의 대사

동요 속의 터키인

영국에서는 몇몇 섬뜩한 동요에서 터키인들을 다음과 같이 언급하고 있다.

용의 비늘, 늑대 이빨
마녀의 미라, 포식한 상어의 밥통과 창자
한밤중에 캔 독미나리 뿌리
신을 모독한 유태인의 간

월식 날 밤 쭉쭉 찢어
터키인의 코, 타르타르인의 입술
창녀가 개천에서 낳아
목 졸라 죽인 아기의 손가락
모두 넣어 진하고 걸쭉한 국을 끓여라.

터키인에 대한 부정적인 의견과 믿음, 편견, 생각을 심어주는 이런 이미지들은 점차 줄어들었지만 아예 사라지지는 않았다. 18세기 들어 여행자들과 여행 작가들이 직접 와서 실상을 확인한 뒤 돌아가서 출판물을 통해 자신이 관찰한 것을 대중에게 알렸다. 이런 여행자들 중에 메리 워틀리 몬태규가 유명하다. 그녀가 이스탄불에서 보낸 서한들은 당시 잉글랜드에 존재하던 터키에 대한 지식이 대체로 편향되고 독선적인 것이었음을 보여주었다.

다행히도 그 시절로부터 많은 것이 바뀌었고, 이제 유럽에서 터키인에 대한 예전같은 불쾌한 이미지는 없다. 터키가 나토(북대서양조약기구) 회원국이 되었고 앞으로 유럽연합의 문을 두드리는 파트너가 될 것으로 전망됨에 따라, 터키인들은 스스로 전통적 가치를 지키면서도 서방 세계에 많은 것을 제공할 수 있다고 믿고 있다. 이런 새로운 이미지 역시 사람들에게 일반화된다. 벤저민 브리튼의 오페라 『나사의 회전』에서 플로라가 인형에게 불러주는 자장가에서 그것을 볼 수 있다.

오늘은 사해(死海)에서
내일은 모스크바 평원에서
밀랍처럼 흰 그녀의 눈꺼풀이 감기리.

이제는 동방의 여왕처럼 누워 있는
그녀의 침상을 터키 병사가 지키고 있네.

이런 변화의 또 다른 요인은 20세기 후반에 '보통 사람들'의 이동이 쉬워진 것과 관련이 있다. 단지 인쇄된 책자와 풍문에 의존하기보다 사람들이 직접 이곳저곳을 여행하며 어떤 장소에 대한 자기만의 인상을 형성하기 시작한 것이다. 풍부한 자원을 소유한 터키는 이제 여름이건 겨울이건 휴가를 보내기에 가장 매력적인 장소 중 하나가 되었다. 터키를 찾는 연간 3500만 명(2013년 세계관광기구 기준)의 관광객들은 터키에서는 무엇하나 일반화할 수 없다는 사실에 신기해한다. 금발과 갈색 머리가 공존하고 콧수염과 깔끔한 면도, 이슬람교도와 디스코, 소박한 건물과 위풍당당한 마천루, 케밥 가게와 고급 레스토랑, 해진 청바지와 고가의 여성복, 동양 음악과 재즈, 마차와 메르세데스 벤츠가 나란히 공존하고 있기 때문이다. 오늘날 터키의 역동적인 느낌을 만들어낸 것은 바로 이런 풍부함이다.

터키인의 성격을 알면 고정관념에 사로잡힌 과거의 이미지를 즉각적으로 잊어버릴 수 있다. 누군가 터키인의 성격을 두 단어로 표현해야 한다면 가장 먼저 마음에 떠올릴 말은 '자긍심'과 '친절'일 것이다.

도널드의 이야기

"내가 터키 대사로 임명되었을 때 자동차를 타고 가기로 결정했지요. 여유롭게 유럽을 여행하며 도중에 다양한 장소에 들른 뒤, 아내와 나는 마침내 터키 카피쿨레의 국경검문소에

도착했습니다. 우리 앞에는 상당히 긴 줄이 있었고 형식적인 절차에 꽤나 긴 시간이 걸렸어요. 우린 마침내 입국 허가를 받았지만 때는 이미 늦은 오후였고 이스탄불에 도착할 때까지 시간이 얼마나 걸릴지 알 수 없었죠. 그래서 다급한 나머지 가속 페달을 너무 세게 밟았나 봐요.

뒤에서 경찰차 사이렌 소리가 울려서 속도계를 보니 내가 제한속도를 한참 넘겨서 운전하고 있지 뭡니까. 나는 지시대로 갓길에 차를 대고 멈춰 섰죠. 곧이어 엄격해 보이는 얼굴이 창문에 나타나서 날카로운 목소리로 내게 뭔가를 하라고 명령했습니다. 터키어였는데 아마 운전면허증을 내놓으라는 말이었겠죠. 그간의 경력을 통틀어 가장 중요한 외교적 임무를 맡게 된 나라에서 이처럼 불운한 출발을 하게 되었으니 마음이 여간 초조하지 않았어요. 여권과 면허증을 보여주는 동안 이 민망한 상황에서 벗어나기 위한 최선의 방법을 궁리했고 수백 가지 생각이 머리를 스쳤어요. 그 엄격해 보이는 경찰관이 터키어로 몇 마디를 더 하더니 내 표정을 보고 알아듣지 못했음을 알아차렸는지 노트에 뭔가를 써서 보여줬죠. 노트에는 이렇게 적혀 있었어요. 800,000 TRL(터키리라). 앙카라에 도착하기도 전에 대사관 기록에 교통위반 건이 올라갈 것을 생각하니 등줄기가 오싹해졌죠. 그래서 절박한 마음에 터키어로 간신히 몇 마디를 더듬더듬 조합해서 말했어요. “Ben yeni ingiliz büyükelçi(나는 새로 부임한 영국 대사입니다).” 혹시 내 말을 경찰관이 알아듣지 못하는 게 아닐까 걱정하면서 말이죠. 그런데 놀랍게도 그의 얼굴에 갑자기 따뜻한 미소가 활짝 번지는 것이었어요. 그가 경찰차에서 동료에게 전화를 걸더군요. 다른 경찰관이 나타났고, 아내와 내가 안절부절 못하고 차 안에서 기다리는 동안 두 사람은 자기들끼리 즐겁게 잡담을 나누더군요. 한참이 지난 뒤 마침내 그 경찰관이 여전히 미소를 띤 채 내게 서류를 건네며 말했어요. "Yeni ingiliz büyükelçi? OK, OK, ikiyüzbin Türkiş lira(새로 부임하신 영국대사시라고요? 그렇다면 20만 리라만 내십시오)." 그러고는 다시 이렇게 썼죠. 200,000 TRL. 내가 터키어 실력을 충분히 갖췄다면 이 거래에서 한 푼도 내지 않고 빠져나갈 수 있었을까요? 잘 모르겠어요. 하지만 당시에는 이 친절한 태도에 크게 감동을 받았죠.

터키가 유럽 세계로 받아들여지려면 많은 변화를 감수해야 할지도 모르지만 그런 포용력과 친화력까지 버려야 한다면 참 애석한 일이 될 겁니다."

페넬로페의 회상

"1995년에 난 두 손녀 레이첼과 샬로트를 데리고 터키로 휴가를 떠났어요. 우리가 머문 호텔은 바닷가에 있어서 우린 해변에서 많은 시간을 보냈죠. 이틀째 되던 날 아이들이 바닷가에서 노는 동안 내가 일광욕을 하고 있는데, 한 일곱 살쯤 돼 보이는 어여쁜 터키 여자아이가 복숭아가 든 투명한 봉지를 들고 내가 앉아있는 일광욕 의자로 걸어오는 게 보였어요. 아이는 별로 깔끔하지 못한 벙벙한 티셔츠를 입고 있었어요. 아마 제 언니 옷이었는지 옷단이 무릎까지 내려왔고 목둘레선이 한쪽 어깨까지 흘러내려서 그 아이가 속바지 외에는 안에 아무것도 입지 않은 것을 알 수 있었죠.

그 아이가 '이 복숭아 좀 사주실래요?' 하는 표정으로 나를 쳐다보는 동안 아이의 맨발을 보니 피부를 보호해줄 신발도 신지 않고 타는 듯한 모래밭을 걸어 다니는 것이 여간 애처로운 게 아니었죠. 아이는 빗은 지 며칠은 된 것 같은 짙은 금발에 크고 인상적인 개암 빛 눈을 가지고 있었어요. 나는 복숭아 한 봉지를 사고 아이에게 돈을 지불했죠. 아이는 다른 손님을 찾아 곧 자리를 떴지만 난 아이의 순진한 모습에 충격을 받아 한동안 눈으로 그 아이를 쫓았어요. 아이는 복숭아를 다 팔고 나서 해변 저쪽에 젊은 여자가 과일 손수레 옆에 앉아있는 곳으로 걸어갔어요. "아이의 엄마인가보군. 자기는 그늘에 앉아 있으면서 딸에게 일을 시켜 돈을 벌다니." 나는 여자에게 화가 나서 혼잣말을 했어요.

다음날 나는 혹시 그 아이가 또 나타나면 복숭아를 두 봉지 더 사줘야겠다고 생각하며 주변을 둘러봤어요. 아이는 정오쯤 나타나서 일광욕을 즐기는 다른 사람들에게 과일 몇 봉지를 판 뒤 내게 다가왔어요. 그날도 여전히 똑같은 티셔츠 차림에 맨발이었죠. 이번에는 과일을 더 사줬을 뿐 아니라 샬로트의 샌들까지 줬어요. 아이 얼굴이 환해지더니 모래 위에 앉아 샌들을 신고 버클을 조인 뒤 제 엄마에게 뛰어갔어요.

다음날 우리가 늘 시간을 보내던 곳으로 갔을 때 그 여자애가 또 우리를 향해 걸어오는 게 보였어요. 하지만 이번에는 내 눈을 의심할 수밖에 없었죠. 아이는 연분홍색 원피스에 반짝이는 빨간색 구두를 신고 있었어요. 얼굴도 깨끗하고 머리도 깔끔했어요. 과일을 팔러 해변에 온 아이가 아니라 친구 생일 파티에 가는 아이처럼 보였어요. 이번에도 한 손에 두 개의 봉지를 들고 있었고 다른 한 손에는 샬로트의 샌들을 들고 있었죠. 아이는 미안한 듯한 표정으로 내 의자 옆에 샌들을 내려놓고 미소 지은 뒤 제 엄마가 앉아있는 곳으로 돌아갔어요. 아이의 엄마는 "우리도 마음만 먹으면 얼마든지 차려입을 수 있답니다."라고 말하는 것처럼 자랑스러운 태도로 앉아있었어요. 전날 괜한 오지랖을 부려 그녀에게 분개한 것이 그렇게 창피할 수가 없었죠."

2

터키라는 나라

이 땅의 위대한 역사 한가운데에
등불을 든 여인이 서있네.

– 롱펠로우

지리

터키는 북반구에서 적도와 북극의 딱 중간 지점이자 유럽과 아시아가 만나는 곳에 위치해 있다. 국토의 형태는 거의 직사각형이며 면적은 78만 3562평방킬로미터이다. 국토의 대부분은 아시아에 속해 있지만 일부는 유럽 대륙에 닿아있다. 삼면이 바다로 둘러싸여 있으면서도(북쪽으로 흑해, 서쪽으로 에게해, 남쪽으로 지중해) 자그마치 일곱 나라와 접경했을 만큼 내륙 지역도 광범위하게 펼쳐져 있다(유럽 쪽으로 그리스와 불가리아, 아시아 쪽으로 조지아, 아르메니아, 이란, 이라크, 시리아). 흑해는 보스포루스 해협을 통해 마르마라 해와 만나고, 다르다넬스 해협을 거쳐 에게 해와 지중해로 이어진다.

소아시아라고 불리던 아나톨리아 지방은 동쪽으로 갈수록

보스포루스 대교를 건너 저쪽은 유럽이고, 이쪽은 아시아 대륙에 속한다.

고도가 높아지는 고원지대인데, 이곳에서 발원한 많은 강들이 협곡을 이루며 뱀처럼 구불구불 풍경을 가로지른다. 그중 가장 유명한 강은 성서에도 등장하는 디즐레 강(티그리스 강)과 플라트 강(유프라테스 강)이다. 이 두 강은 국경을 넘어 이라크로 흘러들어가 서로 합쳐지지만 다른 강들은 터키 주변의 바다로 흘러들어간다. 가장 긴 강은 크즐으르막 강으로, 아나톨리아 반도의 심장부에서 크게 휘돌아 흑해로 흘러들어간다.

흑해 연안인 북부와 지중해 연안인 남부에서는 산맥이 바다와 나란히 이어져 해안선이 비교적 평탄하고 에게 해 지역은 들쭉날쭉하다. 고원 지대에는 호수가 발달했는데, 특히 타우루스 산맥의 서쪽과 마르마라 해 주위에 집중돼 있다. 터키에서 가장 큰 호수인 반 호수는 터키 동부 아라라트 산 근처에 있는데, 이 두 명소는 세상에서 가장 아름답고 몽환적인 장관을 연출한다.

예로부터 앙고라염소와 거기서 얻는 앙고라 울로 유명한 앙카라는 현대 터키의 수도이지만 문화적 · 사회적 · 경제적 측면에서 터키의 심장부는 여전히 오랜 역사를 가진 대도시 이스탄불이다. 이 두 도시와 에게 해 연안의 이즈미르, 지중해에 접한 아다나와 안탈리아, 그리고 중앙 아나톨리아 지역의 에스키셰히르와 부르사에 터키 인구의 상당수가 집중돼 있다. 1950년대부터 사회경제적 문제로 인한 대도시로의 이주가 시작되어 1985~1995년에 가속화되었다. 낙후된 남동부에 거주하던 사람들은 일자리와 더 나은 생활 여건을 찾아 서부의 도시 지역으로 옮겨가기 시작했다. 그러나 대도시로의 이주가 문제를 해결하지 못했을 뿐 아니라 대도시와 그 주변 지역에 또 다른 문제들을 초래했다. 세계 10대 댐 중 하나인 아타튀르크 댐 건설과 함께 방대한 남동 아나톨리아 개발 계획이 완료되면 그것이 가져올 막대한 효과와 기회로 인해 이들이 다시 고향으로 돌아갈 것으로 기대된다.

기후

터키의 다채로운 지형은 다채로운 기후를 낳았다. 중앙 아나톨리아는 여름은 덥고 겨울은 춥고 건조한 전형적인 대륙성 기후를 보인다. 남부와 서부 해안 지대는 여름에는 덥지만 겨울은 온난다습하다. 북부는 사계절 내내 온화하지만 동부는 혹독해 겨울 기온이 영하 35℃까지 떨어진다. 이와 대조적으로 남동부는 참기 힘들 만큼 더워서 한여름에는 기온이 35℃에 육박해 뱀과 전갈에게 완벽한 서식지를 제공한다. 터키 동부와 북서부 지역은 지진이 잦다. 가장 최근에 있었던 지진은 1999년 이즈미트 공업지구에서 발생한 것으로 1만 8000명의 인명을 앗아가고 수천 동의 건물을 파괴했다. 터키인들은 지진 피해를 최소화하기 위해 건설 표준 개선이 필수적이라는 사실을 깨닫고 있다.

지역별 평균 기온

지중해 연안	17.2℃
동 아나톨리아	8.1℃
에게 해 연안	14.3℃
남동 아나톨리아	16.0℃
중앙 아나톨리아	10.7℃
흑해 연안	12.5℃
마르마라 해 연안	14.2℃

역사

신석기 시대인 기원전 6500년에 차탈회위크(지금의 코니아 근처)에 형성된 주거지는 인류 최초의 도시 가운데 하나다. 그

때부터 아나톨리아 지역에는 하티족과 히타이트족, 프리기아족, 우라르트족, 리키아인, 리디아인, 이오니아인, 페르시아인, 마케도니아인, 로마인, 비잔틴인의 문명을 비롯한 많은 문명들이 꽃을 피우며 저마다 고대 유적으로 족적을 남기고 현대 문명의 진보에 기여했다.

터키인들은 일찍이 11세기 초에 중앙아시아 대초원 지대에서 이주하기 시작해 12세기에 아나톨리아 셀주크 제국을 건설했다.[2] 그들은 이미 10세기부터 이슬람교를 받아들였다. 훗날 터키인을 지칭하게 된 '오스만'이라는 명칭은 원래 오스만 공국을 건설한 초대 군주 오스만 술탄의 이름에서 기원한 것이다. 1453년 술탄 메흐메트 2세(1451~1481)는 콘스탄티노플(지금의 이스탄불)을 정복했고 이후 콘스탄티노플은 오스만 제국의 수도가 된다. 그때부터 다음 200년 동안 누구도 터키인을 막을 수 없었다. 그들은 사방으로 팽창해 사상 최대의 제국을 형성했고 특히 술탄 술레이만 1세 때(1520~1566) 전성기를

돌마바흐체 궁전. 오스만 시대 말기에 터키의 가장 부유했던 역사를 회고하며 지어진 건축물이다.

이루었다.

당시 오스만 제국의 영토는 동 아나톨리아에서 신성 로마 제국의 수도 비엔나 코앞까지, 크림반도에서 북아프리카와 메카, 메디나 같은 이슬람 성도를 포함하는 아라비아반도까지 펼쳐졌다. 메카 정복으로 칼리프(예언자 모하메드의 계승자들이 이용한 칭호로, 이슬람 최고 지도자)의 지위는 오스만 술탄에게 넘어갔다. 오스만 제국이 겪은 최초의 큰 시련은 17세기 말 비엔나 포위전에 나섰다가 실패한 것이다. 이후 패배가 잇따랐고 19세기에 이르러 결국 '유럽의 병자'(1851년 러시아의 황제 짜르 니콜라스 1세가 터키에 붙인 별칭)는 일련의 개혁 운동과 제도의 서구화로 회복을 꾀한다. 그러나 제1차 세계대전에서 동맹국의 편으로 참전하는 실수를 범해 결국 패전국으로 점령군의 손에 넘어가게 된다. 이후 1922년 무스타파 케말이라는 이름의 젊은 장군이 독립전쟁을 이끌어 풍전등화의 위기에 처한 나라를 외세로부터 구해냄으로써 옛 제국의 폐허를 딛고 새로운 국가를 수립한다.

무스타파 케말 '아타튀르크'

무스타파 케말은 직업 군인이지만 노련한 정치인에게서도 찾기 힘든 깊은 통찰력과 용기를 지닌 인물이었다. 독립전쟁을 조직해 주도한 그는 1923년 앙카라에서 새로운 의회를 결성하고 터키 공화국을 선포한 뒤 초대 대통령으로 선출된다. 1938년에 사망하기까지 그의 대통령 임기가 지속된 기간은 15년에 불과했으나 이 짧은 기간 동안 그는 바로 전대의 사람들조차 알아볼 수 없을 만큼 국가를 변모시켰다.

5분간 묵념

오늘날 모든 관공서에는 아타튀르크의 사진이 걸려있다. 우연히 그가 사망한 11월 10일에 터키에 가게 된다면, 나라 전체가 9시 5분에 5분간 모든 활동을 멈추는 상황을 보게 될 것이다. 터키인들은 출근하던 길이건 계단을 오르던 중이건 콩 스프를 먹던 중이건, 문자 그대로 하던 일을 멈추고 아타튀르크를 추모한다.

처음에는 행정 · 입법 · 교육 시스템을 바꾸었다. 헌법을 다시 제정해 터키는 세속주의적이고 인민주의적인 국가가 되었다(세속주의란 정치와 종교를 분리하는 원칙을 말한다). 칼리프제를 폐지했고 종교적 질서도 마찬가지였다. 표기법도 이전의 아랍문자 표기법을 로마자 표기법으로 대체했고 터키어에서 외래적 요소들을 없앴다. 일부다처제를 금지했고 국제 시간과 국제 역법을 채택했다. 또한 여성들에게 참정권과 피선거권을 부여했다. 터키의 전통 모자인 페즈(빨간색에 긴 줄이 달려 있는 옛 오스만 제국 시기의 공식 모자)가 봉건제의 잔재로 배척되고 유럽식 모자가 도입되었다. 새로운 성명 관련법이 의회를 통과하면서 터키는 무스타파 케말에게 '아타튀르크(터키의 아버지)'라는 이름을 부여했다. 실제로 그가 국민들에게 불러일으킨 경모심은 신에 대한 사랑에 버금가는 것이었다.

정치와 정당

공화국이 수립되고 터키에는 의회제도가 있었지만 처음 22년간은 단일 정당(공화인민당)이 의회를 통치했다. 이후 1946년 민주당 창립과 함께 다당제를 시작했고, 오랜 독재 통치 뒤에 으레 그렇듯 민주당은 1950년 선거에서 낙승을 거두며 집권한다.

공화인민당은 국가독점주의를 선호하며 국가주의적이고 개입주의적인 정책을 추진한 반면, 신당인 민주당은 민간 부문과 자유 기업을 지지했다. 이후 10년간 터키는 두 정치적 관점 사이에서 팽팽한 긴장 상태에 놓여있었다. 두 정파 간의 반목이 극에 달해 1960년에는 군부가 사회질서 회복을 구실로 정치에 개입해 민주당을 몰아냈다. 터키는 다음해 다시 의회 통치로 복귀했으나 결과적으로 민주당의 우파가 다른 이름(정의당)을 내걸고 등장했을 뿐 달라진 것은 없었다. 한편 또 다른 정당인 민족주의운동당이 부각되기 시작한다. 일각에서는 이 정당이 표방하는 민족주의, 즉 '범 투르크주의'가 급진 좌파 세력을 견제할 것으로 보았다. 하지만 다음 20년 간 좌우 대립이 고조되어 심각한 무력 대립으로 번졌다.

이런 혼란의 와중에 새로운 목소리가 두각을 드러내기 시작했다. 그동안 억압받던 종교 분파들의 목소리였다. 이 목소리는 국민질서당의 등장으로 구체화된다. 1980년 군부가 다시 정치에 개입하면서 내전에 버금가는 상황에 이르렀다. 1983년에 민간 정부가 수립되었으나 군사 개입의 영향으로 이미 정당 구성원들 간에 틈이 벌어진 상태였다. 우파는 조국당과 정도당이라는 두 개의 깃발 아래 모였고 사민주의자들 역시 몇 개의 정당으로 갈라졌다. 범 투르크주의를 표방하는 민족주의운동당은 소련이 붕괴하고 중앙아시아에 투르크족 국가들이 등장하면서 한 번 더 힘을 얻게 되었다. 좌파와 우파 간의 해묵은 적대가 계속되는 동안 복지당이라는 새로운 종교적 분파가 나타나 득을 보았다. 1980년 쿠데타 이후 창당된 복지당은 1994년 지방선거에서 의회의 28퍼센트를 확보하며 다수당이 된다.

20세기 막바지에도 심각한 분열은 약해질 기미를 보이지 않았다. 한편 대중의 표를 놓고 경쟁하는 정당의 수는 증가하는 추세였다. 그 결과 터키는 4년 동안 세 차례나 연립정권이 들어섰다. 의외의 연합 패턴이 1999년 5월 선거 이후까지 이어졌다. 당시 민족주의당과 보수 성향의 조국당, 좌파 성향의 사민당이 연합해 뷜렌트 에제비트를 총리로 추대했고 그는 터키를 유례없는 조화로 이끌며 21세기의 문을 열었다. 그러나 경제 상황은 갈수록 악화되었고 대공황을 암시하는 예측이 나왔다. 2001년 2월 21일 터키 총리가 안보협의회 회의를 하던 도중 회의실에서 뛰쳐나가며 어리둥절해하는 기자들 앞에서 대통령의 태도에 대해 불평한 이후의 일이었다. 갑자기 콜금리가 2500퍼센트 상승했고 이스탄불 주식 시장은 18.1퍼센트라는 공전의 손실을 겪었다. 이 하룻밤 사이에 입은 피해의 영향에서 회복되는 데 향후 몇 년의 시간이 걸렸는데, 그러는 동안 수천 개의 기업이 문을 닫고 그보다 훨씬 많은 사람들이 실업자로 전락했다.

노쇠한 총리의 정치적 실수에 경제적 위기까지 더해져 터키는 조기 총선을 실시하기에 이른다. 전 이스탄불 시장이었던 레제프 타이이프 에르도안이 이끄는 신흥 정당 정의발전당이 2002년 11월 3일 총선에서 34.28퍼센트의 득표율을 차지하며 낙승을 거두었다. 의회 과반수를 확보한 에르도안 정권은 터키리라에서 여섯 자리를 떼어버리는 과감한 화폐개혁을 단행하고 키프로스 문제[3]에 대해 좀 더 유화적인 접근법을 취하는 등 경제 · 외교 정책에서 많은 변화를 꾀했다. 그럼에도 터키 지식인들 사이에서는 그가 곧 (이슬람 원리주의자로서) 종교적 본색을 드러내며 세속주의 국가에서 수용할 수 없는 조치를 취하게 될 것이라고 의심하는 등 에르도안 총리에 대한 회의론이 대두되었다.[4]

행정

터키는 총리 중심의 내각책임제가 기본이며, 내각을 견제할 수 있는 대통령제를 가미한 정치체제를 운영하고 있다. 대통령은 터키 공화국을 대표하는 국가의 수반이다. 선거가 끝날 때마다 대통령은 국회에서 과반수 의석을 얻은 정당 지도자를 총리로 지명하고 총리는 내각 구성원을 지명한다.

지역적 차원에서 행정권은 지방정부의 손에 있으며, 지방정부 수장인 주지사는 해당 지역과 중앙정부를 연결한다. 그 반면에 지방자치단체는 자치권을 갖고 전기와 가스, 수도, 대중교통 같은 공공 편의시설을 담당한다.

공공의 법과 질서는 경찰과 헌병대에 의해 유지된다. 또한 해안 지역 치안을 담당하는 해안경비대도 있다.

사법권은 일반법원과 행정법원, 군사법원에 의해 행사된다. 법원이 평결을 선언하면 상위 법원에서 승인 및 최종 판결을 내린다.

경제

공화국 수립 초기에는 민간 부문이 국가 경제의 견인차 역할을 할 만큼 충분히 발전하지 못했기 때문에 국가가 상당한 투자를 해야 했다. 그래서 국가가 공장과 생산 시설을 소유했다. 당시로는 당연히 이해할 만한 일이었으나 오늘날 터키인들은 설탕에서 시멘트, 직물에서 담배에 이르기까지 너무 많은 원자재를 국가가 소유하고 있다고 느끼고 있다. 터키의 경제는 1920년대 이래로 많은 변화가 있었다. 지금은 산업과 과학, 기술, 통신, 교통에 민간 부문이 개입하고 있다. 오늘날 터키는 군대가 사용하는 무기까지 생산한다. 일반적 시장경제가 꽃피울 조건이 무르익었고, 따라서 지난 10년 이상 동안 집권한 정부는 국영 시설의 민영화를 위한 사회경제적 조건을 마련하려 애써왔다. 일단 조건이 마련되면 국가는 자금을 아껴서 사회 · 행정 서비스에 집중할 수 있을 것이다.

강력한 경제를 달성하기 위해 고쳐야 할 또 다른 병폐는 형평성 없고 불충분한 징세 문제다. 현재로서는 세금을 내는 사람들보다 회피하는 사람들이 더 많다. 그 이유는 터키에 자영업자 비율이 상당히 높은데 그들을 추적할 효율적인 시스템이 없기 때문이다. 공무원과 근로자 같은 과세 대상들은 저임금 범주에 속하기 때문에 그들에게 세금을 징수해도 정부 수익에는 큰 보탬이 되지 않는다. 게다가 고소득자들은 아예 세금을 내지 않거나 원래의 몫보다 덜 내고 있는 상황에서 저임금 노동자들이 세금을 내고 있다는 사실이 사회 기반에 심각한 균열을 만들고 있다.

오늘날 관광업은 터키 경제에 크게 기여하고 있다. 무역 쪽에서는 직물이 최고 수출품이고 밀과 면화, 차, 쌀, 담배, 헤이즐넛, 과일을 중심으로 한 농산물이 그 뒤를 잇는다. 터키는 1996년 1월 1일 유럽관세동맹에 가입했고 유럽연합 후보국으로 받아들여졌다. 2005년 10월 3일에 시작된 유럽연합 가입

협상은 터키의 제도를 유럽 표준에 맞게 조정하기 위한 준비 기간이라고 할 수 있다. 이 기간은 수 년 또는 그 이상이 걸릴지도 모르지만 전반적으로 긴 터널의 끝에서 빛이 보이기 시작하는 것 같은 분위기를 만들었다. 이와 더불어 유럽연합이 카스피 해의 원유를 지중해로 보내기 위해 건설한 송유관BTC이 아제르바이잔 바쿠와 조지아 트빌리시를 거쳐 터키 남부 아다나 주에 있는 제이한 항에 이름으로써 터키 경제는 기대감에 한층 부풀었다.

군대

> **군복무**
>
> 터키 헌법에 따르면 모든 터키 남성은 병역의 의무가 있으며, 따라서 모든 남자는 신체적 · 정신적 장애나 학생 신분 같은 적절한 사유가 없는 한 20세가 되면 입대해야 한다.

터키는 나토 회원국 중 두 번째로 큰 규모의 군대를 보유하고 있다(가장 큰 군사력을 보유한 나라는 미국이다). 군복무 기간은 18개월이며, 대부분의 남성은 군복무를 국가적 의무로 간주하고 때가 되면 받아들인다. 군복무를 연기할 방법을 찾는 남성들은 취직을 하거나 심지어 결혼하기도 힘든 상황에 직면하게 되는데, 남자가 군대를 다녀오지 않으면 정착하기 힘들다는 전반적인 정서 때문이다. 군복무를 하면 그렇지 않은 경우보다 다른 혜택을 누릴 가능성도 있다. 예를 들어 어떤 사병들은 복무 기간 동안 제공되는 문해력 교육과 직업훈련을 통해 사회에서 구직 전망이 밝아지는 경우도 있다.

군대의 사명은 외부의 위협뿐 아니라 내부의 위협으로부터

도 국토를 수호하는 것으로 정의된다. 이처럼 이중의 책임을 맡고 있는 군대는 여러 개의 전선을 동시에 사수해야 한다. 터키가 지리적으로 심각한 국제적 분쟁 지역에 위치해 있다는 사실 외에도 정치 및 다양한 인종적 기원과 관련한 내적 문제들이 존재하기 때문이다.

종교

터키는 이슬람교 이외의 종교를 가질 자유를 보장하고 있지만 인구의 98퍼센트는 이슬람교도이다. 헌법은 터키가 세속주의를 토대로 한다고 선언하고 있다. 이는 곧 국가가 국민의 종교와 신앙에 개입하지 않는다는 것을 뜻한다. 그러나 종교적인 오스만 제국에서 세속주의 공화국으로의 이행이 쉽지만은 않았으며, 터키 공화국 건국 이후 80년이 지난 지금도 '세속주의'가 진정으로 무엇을 의미하는지, 그리고 사람들이 공공연히 종교 활동을 할 권리를 어느 정도 갖고 있는지에 대한 논의가 여전히 진행되고 있다. 1970년대 이래로 지금까지, 정부와 교육 당국은 종교적 의미가 부여된 두건인 히잡을 두르고 대학 건물로 들어가는 것을 허용해야 할 것이냐는 문제를 두고 곤혹스러워하고 있다. 비공식적인 장소에서는 국가가 여성의 복장을 규제하지 않아서 히잡을 쓰건 반바지를 입건 자유이지만 법원이나 군대, 대학, 국영 병원 같은 공식적인 장소에서는 종교적 복장을 금지하고 있다. 이에 대한 반발로 이따금 머리에서 발끝까지 부르카를 입은 여학생들이 대학 캠퍼스 밖에서 현수막을 들고 규정에 항의하며 히잡을 쓰건 쓰지 않건 교육받을 권리를 인정해 달라는 시위를 벌이기도 한다. 1999년 종

터키인 대부분은 이슬람교도이지만 공식적인 자리에서는 종교적 복장을 금하고 있다.

교적 색채가 강한 복지당 소속의 한 여성 의원은 세속주의 헌법에 저항하는 의미로 히잡을 두르고 국회로 입장했다. 그녀는 기성 사회가 어떻게 반응할지 살피려고 그런 행동을 한 것으로 보이지만 에제비트 당원들의 단호한 반응에 부딪혀 즉시 국회를 떠나야 했다.

요즘은 그 자신이 독실한 이슬람교도이자 히잡을 쓰지 않고서는 좀처럼 공식 석상에 모습을 드러내지 않는 아내를 둔 에르도안 총리로 인해 왈가왈부 논란이 빚어지곤 한다. 대중매체는 중요한 국경일마다 이삼 일 전부터 총리 부인이 과연 남편과 함께 히잡 착용이 금지된 대통령궁에 방문할 것인지 예상을 내놓기 시작한다. 다행히도 에르도안 부인은 지금까지 그럴 때마다 공식 행사에 나타나지 않을 그럴싸한 이유를 찾아냈지만 그런 이유가 바닥나는 순간 터키는 한바탕 소동에 휩싸이게 될 것이다.

국가의 종교 문제 처리 방식에 불만을 품은 또 다른 집단은 알레비 종파다. 알레비는 매우 자유주의적인 관점을 갖고 있으며 수니파처럼 여성에 대한 제약을 두지 않는다. 이들의 종교관은 남성과 여성이 함께 춤추고 성가를 부르는 것을 용인하며 엄격한 이슬람 사원이 아니라 제메비cemevi라는 곳에서 신앙생활을 한다. 이들은 국가가 자신들을 마치 없는 존재처럼 취급하고 있으며 모든 기금이 수니파에게만 돌아가고 있다고 불만을 토로한다. 또한 학교에서 모든 학생이 수니파인 것처럼 종교를 가르치고 있으며, 알레비파 학생들은 소수파로 낙인찍힐까 두려워 자신이 믿지 않는 것을 관례에 따라 행해야 한다고 말한다.

지난 30여 년 동안 종교는 터키 정치에서 중요한 역할을 해왔으며 2002년 종교적 성향의 정당이 의회 다수당을 차지했다(심지어 2007년 선거 이후로는 많은 득표수로 단독 내각 수립에 성공했다). 이것이 과연 터키 정치에서 종교적 관용이 신장되고 있음을 의미하는 것일까? 이런 현상에 대해 내가 이야기해 본 터키 지식인들은 하나같이 유사한 해석을 내놓았다. 산업화된 도시로의 이주로 인해 그때까지 폐쇄적인 촌락 생활을 해온 터키 사람들은 전에는 존재조차 몰랐던 물질적 풍요와 사치를 마주하게 되었다. 그 결과 문화적 충격과 소외감을 겪었을 것은 당연하다. 종교는 그런 상황에서 그들이 붙잡을 수 있는 유일한 버팀목이었다. 그러나 다음 세대는 이와 다를 것이다. 이들은 도시 문화에서 태어나서 자랄 것이고, 애초부터 그에 대한 자연적 면역력을 키우게 될 것이다. 거친 바다로부터 정박할 항구를 더 이상 필요로 하지 않을 것이고 가슴이 아닌 생각에 따라 투표하게 될 것이다.

3

터키 사람들

온전한 의미에서 사회는
그 구성원들과 절대 구별할 수 없는 존재다.

– 루스 베네딕트

동양이거나 서양이거나

중앙아시아에서 기원한 데다 대다수가 이슬람교 신봉자임에도 불구하고, 터키인들은 지난 200년간 서유럽을 모델 삼아 국가를 현대화하려는 시도를 계속했다. 오스만 제국 시절에는 개혁이 군사 문제에만 국한되었으나 공화국 건국 이후 다른 영역으로도 확대되었다. 민법은 스위스와 비슷하게, 형법은 이탈리아와 비슷하게 바뀌었고 프랑스처럼 교육을 종교로부터 분리했다. 터키 전통 모자인 페즈 착용을 법적으로 금지하고 유럽식 모자를 쓰게 한 것을 제외하면 다른 옷이나 가구에 대한 법적인 압력은 없었지만, 유럽의 패션을 좇아 복식이 급속히 변화했다. 국토의 일부는 유럽, 일부는 아시아에 속한 나라의 국민으로서 터키인들은 스스로를 동양인과 서양인이 결합된 존재로 보고 있다.

하버드 대학의 터키 출신 예술사가 귈뤼 네지폴루는 자신의 저서 『15, 16세기의 톱카프 궁전』에서 그런 동서양의 결합은 오스만 투르크인들의 팽창 정책 덕분이라고 주장한다. 이스탄불에서 톱카프 궁전이 세워진 곳은 바로 두 대륙(아시아와 유럽)과 두 바다(흑해와 마르마라 해)가 만나는 지점이다. 또한 궁전 입구에 새겨진 비문에서는 콘스탄티노플을 정복한 메흐메트 2세를 '두 대륙과 두 바다의 술탄Berreyn and Bahreyn Padisahı'으로 묘사하고 있다.

이제 터키인들은 그런 주장을 하지 않지만 여전히 독특한

터키인들의 어제와 오늘을 느낄 수 있는
도시(위)와 시골(아래) 풍경

양면성이 있다. 동서양의 결합이 결코 쉽지만은 않으며 분명한 국가적 정체성을 갖기 위해서는 한 방향으로만 나가야 한다고 주장하는 사람들도 있다. 그러나 대부분의 터키인들은 현재의 상황에 만족하고 있으며 그런 특성 덕분에 자신들의 삶과 문화가 풍요롭고 다채로워진다고 생각한다. 예를 들어 도시의 주택 중에는 동양식과 서양식 화장실을 모두 갖춘 곳도 있다. 상점들로 가득한 쇼핑가에서는 서양 브랜드와 터키 브랜드가 어깨를 나란히 하고 있다. 쇼윈도 안에는 아라비아 문자가 새겨진 벽걸이용 장식 접시 옆에 마이센 도자기 세트가 자리 잡고 있다. 보스포루스 해협을 가로지르는 두 대교 중 하나는 영국과 독일 합작기업에 의해 건설되었고, 다른 하나는 일본이 공사를 맡았다. 또한 1995년 브뤼셀에서 터키가 유럽관세동맹에 가입하기 위한 합의서에 서명하기 직전, 당시 터키 총리였던 탄수 칠레르가 일본과의 경제 관계를 확대하기 위해 처음으로 일본을 방문한 것도 흥미롭다. 마치 서양을 향해 한 발짝 내딛을 때마다 다른 한 발을 반대 방향으로 내딛음으로써 애써 균형을 유지하려는 것처럼 보인다.

일부 친 유럽 성향의 사람들은 터키가 동쪽으로 향하는 배의 갑판 위에서 서쪽으로 달리고 있는 승객들 같다며 조바심을 낸다. 사실 터키는 서쪽으로 가고 있으며 다만 과거 오스만 제국의 용맹무쌍한 친위부대 예니체리처럼 3보 전진, 1보 후퇴를 계속하고 있는 것이다.

도시 대 시골

어떤 나라건 도시 사람과 시골 사람은 차이가 있기 마련이

외계인을 만난 걸까?

이스탄불에 나와는 대조적으로 화려하고 눈에 띄는 먼 친척이 살고 있는데, 한번은 그녀가 터키에서 상대적으로 낙후된 동부 지역인 에르주룸 외곽에서 겪은 경험에 대해 말해준 적이 있다. 때는 1961년이었다. 그녀는 감찰관인 남편이 그 지역에 근무를 나가있는 동안 호텔 근처의 한적한 거리에서 혼자 산책을 해야겠다고 생각하고 평소처럼 눈에 띄는 복장으로 거리로 나섰다. 미니스커트에 형형색색의 긴 구슬 목걸이, 분홍색과 하얀색 꽃이 달린 모자. 비교적 개방적인 이스탄불에서조차 눈이 돌아갈 만한 복장이었다. 그녀는 거리를 걷다가 자신에게 다가오는 검은색 물체를 보았다. 저게 뭐지? 그 물체가 점점 가까워지더니 팔을 뻗으면 닿을 거리까지 다가왔다. 그제야 그녀는 그것이 머리에서 발끝까지 검은 천을 두르고 있는 현지 여자라는 것을 알아차렸다. 여자는 얼굴마저 천으로 가리고 있었고 눈이 있어야 할 자리에 구멍만 뚫려 있었다. 이 구멍을 통해 보이는 두 개의 눈이 꽃 모자에서 맨 다리까지 한바탕 훑더니 놀라움으로 휘둥그레졌다. 두 여자는 발길을 멈추고 마치 외계인을 보듯 서로를 쳐다보다가 각자의 길을 갔다. 내 친척은 나중에 내게 물었다. "세상에 어떻게 그런 옷을 입을 수 있지?" 아마 검은 천을 두른 여인도 자신의 친지에게 똑같은 것을 물었을 것이다.

지만 그 차이가 터키만큼 확연한 나라도 드물 것이다. 과거에는 외모에서 행동에 이르기까지 모든 부분에서 이런 차이가 뚜렷했지만 다른 나라와 마찬가지로 통신 혁명의 영향으로 그 차이가 점점 좁혀지고 있다.

어느 나라건 사정이 비슷하겠지만 터키 시골 사람들은 보수적이고 학력이 낮고 순진하고 직설적인 반면, 도시 사람들은 복잡하고 세련되고 적응이 빠르고 학력이 높은 편이다. 이런 특징들은 16세기에서 1950년대까지 도시와 시골을 통틀어 유일한 오락거리였던 유명한 그림자 인형극의 두 주인공 카라괴즈와 하지바트에게서 고스란히 드러난다(이 그림자 인형극을 그냥 카라괴즈[5]라고도 부른다). 카라괴즈는 투박하고 직설적이고 대담하고 교육받지 못한 캐릭터로, 엉뚱한 행동과 실수를 연발하고 다니며 툭하면 사고를 치기 일쑤다. 그는 시골 남자를 상징한다. 반면에 하지바트는 학력이 높은 편에 빈틈없고 세련되었으며 카라괴즈가 실수를 저지를 때마다 항상 깔보는 듯한 태도를 취한다. 우리에게 홀쭉이와 뚱뚱이로 알려진 로렐과 하디, 또는 펀치와 주디 같은 다른 나라의 인기 콤비와는 달리 카라괴즈와 하지바트는 단지 재미거리로서뿐 아니라 수백 년 동안 터키 땅에서 살아온 실제 캐릭터 유형의 상징으로서도 매우 중요하다. 이 캐릭터들이 그처럼 큰 인기를 누린 것도 그 때문이다.

오늘날 통신 기술의 발전과 신문의 유통, 전국 및 지역 라디오 방송국, 민영 텔레비전 채널 증가로 인해 터키 농촌 지역 사람들은 예전처럼 우물 안 개구리로 살고 있지 않으며, 따라서 카라괴즈처럼 순진한 사람들을 마주칠 확률도 적어졌다. 이제는 많은 시골 사람들이 대도시로 이주해 변두리 지역에 빈민촌을 이루고 살고 있으니, 모두들 어느 정도는 하지바트라고 볼 수 있겠다. 슬프지만 요즘 같은 세계화 시대에 피할 수 없는 현실이다.

기질적 특성

시골 출신이건 도시 출신이건 터키인 대부분은 다른 민족과 구분되는 공통된 특성이 있다. 앞으로 몇 페이지에 걸쳐서 이런 특성들 중 몇 가지에 대해 살펴보겠다.

애국심

우선 터키인들은 애국심이 대단하다. 학생들이 아침에 등교해 맨 처음 하는 일은 이렇게 구호를 외치는 것이다. "나는 올바르고 근면한 터키인이다. 나는 조국을 위해 이 한 몸을 희생할 준비가 되어 있다."

이런 애국주의적 정서가 쉽게 고양되기 때문에 독립전쟁 때처럼 영리한 지도자들이 잘만 활용하면 대단한 강점으로 작용할 수 있다. 그러나 너무 쉽게 끓어오르는 애국심 때문에 때로는 우스꽝스러운 상황이 발생하기도 한다. 일례로 1960년대 후반 터키계 키프로스인들이 그리스계 키프로스인들에게 겪은 고초에 대한 소식이 터키 본토에 이르자, 남부의 항구도시 메르신에서 이를 규탄하는 옥외집회가 열렸다. 연사가 이런 불행한 사태에 대해 몇 차례 언급한 뒤 연설을 끝맺으며 이렇게 말했다. "형제들이여, 어서 가서 이 터무니없는 상황을 끝냅시다!" 그의 말이 떨어지기가 무섭게 흥분한 청중들이 바다로 뛰어들어 자그마치 64킬로미터나 떨어진 키프로스 섬을 향해 헤엄치기 시작했다. 험준한 파도와 삼십 분가량 씨름한 뒤, 그들은 키프로스가 밤에 불빛을 보고 상상했던 것처럼 가깝지 않다는 것을 깨닫고 임무를 완수하지 못한 채 해안가로 돌아와야 했다.

터키인들에게 국가와 그 상징인 국기는 무엇보다 중요하다. 터키 국가는 이런 노랫말로 시작한다. "절망하지 말라. 이 땅의 마지막 난로가 꺼질 때까지 이 붉은 깃발이 하늘에서 흩날리리니." 터키인들은 이처럼 국기에 대한 경외심이 남달라서 다른 나라 사람들이 여행 가방이나 라이터, 재떨이, 티셔츠, 심지어 반바지와 속옷에까지 국기 문양을 그려 넣는 것을 도무지 이해하지 못한다.

박애주의자 로맨티스트

터키인들은 로맨틱한 본성을 타고났다. 말하자면 첫눈에 사랑에 빠지고 두 번째 만남에서 청혼까지 할 수 있는 사람들이다. 터키인들은 또한 애절한 사랑도 좋아한다. 터키의 시와 노랫말 대부분은 이루지 못한 짝사랑에 관한 내용이다. 그들은 애정이건 물건이건 남에게 주는 것을 좋아한다. 버스나 기차 옆자리에 앉은 생면부지의 타인이 신문지로 싼 얼마 되지 않는 음식의 절반을 떼어주는 경우도 심심찮게 볼 수 있다. 터키인과 처음 만났을 때 특별한 실수를 범하지 않는다면 헤어질 때 "세니 세브딤seni sevdim"이라는 말을 듣게 될 것이다. '당신이 좋아요'라는 뜻이다.

터키인은 다혈질?

터키인들은 평소에 심각한 얼굴을 하고 있다. 공식적인 자리에서는 거의 엄숙하기까지 한 분위기 속에서 거래가 이루어지기 때문에 주눅이 들 정도다. 그러나 이런 심각함은 진정성과 연관된 것임을 인식할 필요가 있다. 사실을 강조할 필요가 있을 때 터키인들은 지독히 심각하다. 공식적인 상황에서는 심각한 태도가 기대되며 그래야 거래에 대한 신뢰감을 갖는다.

터키에 와본 적이 있는 외국인들 중에는 터키인들은 성질이 급하고 다혈질이라고 표현하는 경우가 있는데, 내내 평화로운 분위기였다가 어느 순간 뚜렷한 이유 없이 목소리가 높아지거나 주먹다짐이 오가기도 하기 때문이다. 물론 특별히 호전적인 성향의 사람들이 있는 것도 사실이지만, 이성理性은 상대적인 문제여서 어떤 문화에서는 화낼 이유가 아닌 것이 다른 문화에서는 아주 불쾌하게 받아들여질 수도 있다.

다행히 터키인들은 뒤끝이 없어서 쉽게 용서하고 쉽게 잊는다. 사실 터키인들의 다혈질적인 성격을 감안할 때, 그들이 다른 문화에서는 용납되지 않을 상황에서 얼마나 관용적일 수 있는지를 보면 놀라울 따름이다. 사실 터키인들은 모든 것을 긍정적으로 해석하는 경향이 있다. 오죽하면 고장 난 시계도 하루에 두 번은 시간이 맞는다고 말할 정도다.

오만과 편견

터키인들은 개인주의적인 민족이어서 팀을 이뤄 일하는 것에 어려움을 느낀다. 경쟁심이 워낙 강하고 남에게 인정받는 것을 좋아하는 데다 누군가 조롱하는 기미라도 보이면 발끈하기 일쑤이기 때문이다. 또한 영어를 할 줄 아는 터키인들도 외국인이 동석한 자리에서 자기들끼리 말할 때는 터키어를 쓸 것이다. 이럴 때 괜한 피해망상에 빠질 필요는 없다. 그들은 동석한 외국인에 대해 말하거나 험담을 하는 것이 아니라 단지 영어로 말하다가 실수를 해서 비웃음을 사는 상황을 피하려는 것뿐이다.

뭘 봐요?

터키인들은 사람을 쳐다보는 것을 좋아한다. 그래서 어떻게 유럽인들이 혼잡한 지하철에서 광고판에 눈을 고정시킨 채 서로를 못 본 척할 수 있는지 이해하지 못한다. 터키인들은 누군가가 마음에 들 때도, 누군가가 특이하거나 괴짜처럼 보일 때도, 누군가가 혐오스러울 때도 쳐다본다. 이런 문화에 익숙하지 않은 사람들은 그들이 무엇 때문에 나를 보고 있는지 모를 수도 있지만 터키인들 자신은 그런 차이를 구분할 수 있다.

그 아이의 첫 경험

남들이 감탄의 시선으로 바라볼 때는 기분 나빠하지 않지만 빤히 쳐다보면 날카로운 반응이 날아온다. "대체 뭘 봐요?" 좀 더 길고 적대적인 반응이 나오기도 한다. 예를 들어 "뭘 보는 거요? 사람 처음 봐요?"라든가, "기차 쳐다보는 젖소마냥 뭘 그렇게 빤히 쳐다봅니까?"라고 말하는 것이다. 반라의 관광객들이 아직은 생소하게 느껴졌던 시절에 안탈리아 해변에 간 적이 있다. 한 터키 가족이 내 바로 옆 일광욕 침대에 누워있었다. 아내와 남편은 아무 생각이 없었지만 어린 아들은 주변에 돌아다니는 반라의 몸들을 유심히 쳐다봤다. 결국 어머니가 아들에게 주의를 줘야겠다고 생각했다. "대체 뭘 보는 거니? 벌거벗은 여자 처음 봐?" 그 어린 소년은 순진하게 대답했다. "응, 처음 봐." 아직 대여섯 살밖에 되지 않은 아이에게는 그것이 '첫 경험'이었던 것이다.

성 문제

이방인들에게는 터키인들의 성의식이 다소 혼란스럽게 느껴질 수 있다. 공공장소에서 껴안고 있는 연인들이 많지 않은 것을 보면 터키가 성에 대해 엄격한 사회인 것 같은데 신문에 실린 야한 사진들을 보면 고개를 갸우뚱하게 된다. 몇 년 전 일부 민영 텔레비전 채널에서 심야에 방송된 광고들 역시 혼란을 가중시킨다. 진실은 이렇다. 성과 관련해 남성과 여성에게 이중적인 잣대가 적용된다는 것이다. 터키 문화는 성적인 면에서 남자들을 억압하지 않는다. 오히려 부추긴다. 남자들은 성적인 경험에 대해 자랑삼아 말하곤 하는데 사실 그중 절반은 상상의 산물이다.

이와는 대조적으로, 평판을 걱정하는 여자들은 성에 대한 관심을 전혀 표현하지 않는다. 정조가 여전히 중요하며 신부에게는 처녀성이 요구된다. 많은 여성들이 공개적인 장소에서 키스는 물론이고 손잡는 것조차 꺼리는 것도 그 때문이다. 물론 상황이 빠르게 변하고 있긴 하지만 여전히 연인들이 함께 가거나 단둘이 있을 수 있는 장소는 극히 제한적이다. 연인들이 즐겨 찾는 곳 중 하나는 패스트푸드점 꼭대기 층이다. 외국인들이 패스트푸드점에 가는 목적은 쇼핑하는 중간에 한 끼를 빨리 해결하기 위해서지만 터키 젊은이들은 부모의 눈을 피해 밀회를 즐기고자 그곳을 찾는다.

이처럼 성적인 측면에서 남성들은 부추기면서 여성들은 억압하는 풍토로 인해 문제가 발생하지는 않을까? 물론 발생한다. 그런 풍토 때문에 터키에서는 쥐와 고양이의 추격이 끊일 날이 없다. 여자는 항상 달아나고 남자는 휘파람을 불거나 여자를 '땅콩'이라고 부르며 쫓아다닌다(여기서 땅콩이란 껍질 속에 든 타원형 알이 아닌, 껍질을 벗기지 않은 호리병 형태의 땅콩을 뜻한다). 터키 여자들은 이런 상황에 워낙 익숙해서 외국에 나가면 오히려 남자들의 무관심에 실망할 정도다. 독일에 정착한 한 터키 여성은 이렇게 말한다. "외국에 살면서 처음 몇 년간은 이제 아무도 내게 매력을 느끼지 않는 것 같아 열등감에 빠졌었죠."

남자다움과 여자다움

앞 내용과 연결되는 얘기인데, 터키에서는 남성에게 요구되는 행동 패턴과 여성에게 기대되는 행동 패턴이 상당히 다르다. 모르긴 몰라도 이상적인 남성상과 여성상을 말할 때 터키만큼 '남자다운 남자'와 '여자다운 여자'를 강조하는 나라도 없을 것이다.

'여자다운 여자'는 조용하고 수줍음 많고 겁도 많지만 살림을 잘하는, 한마디로 현모양처감이다. 히잡을 쓸 수도 쓰지 않을 수도 있지만 야한 옷은 절대 입지 않고, 처녀 때건 결혼해서건 그녀가 있어야 할 곳은 늘 집이다. 모름지기 '남자다운 남자'는 용감하고 호탕하고 원기왕성하며, 신념을 위해 싸우는 것을 주저하지 않고 감정을 내보이거나 울지 않으며 두려움을 모른다. 그리고 대체로 콧수염이 있고 술과 담배를 즐긴다.

지난 이삼십 년 동안 고등교육을 받은 여자들이 많아지면서 '여자다운 여자'가 되려는 현상은 줄어들고 있으며, 여자다운 여자의 장단점에 대해 공개적인 토론도 벌어지고 있다. 한번은 어떤 신문 연예오락 면에 대학교 책상 위에서 발견한 낙서가 실린 적이 있다. 낙서 내용은 이랬다. '착한 여자는 천당에 가지만 나쁜 여자는 자기가 원하는 곳 어디든 간다.'

그러나 '남자다운 남자' 개념은 여전히 터키 사회에 굳건히 자리 잡고 있다. 내 친구 중에 교육 수준도 높고 사고방식도 현대적인 터키 남성이 있는데, 한번은 그가 자신이 겪은 경험담을 들려주었다. 그는 업무상 급한 일이 생겨서 아나톨리아 중부 도시 에스키셰히르에서 이스탄불로 가야 했다. 그런데 공항에 도착했을 때 탑승객이 적어서 예정된 항공편 운항이 취소되었다는 말을 들었다. 단 한 명의 승객 때문에 비행기를 띄울 수는 없다는 것이었다. 친구가 초조함에 두 손을 움켜쥐고 있는데 근처 항공학교 관계자라는 사람이 다가와 자신들과 함께 실험 비행을 할 생각이 있는지 물었다. 그가 말한 비행기는 아주 작았지만 다른 대안이 없었던 내 친구는 '실험'이라는 단어를 대수롭지 않게 넘기고 기꺼이 제안을 받아들였다. 그러나 좌석에 앉자마자 그 비행기의 조종사가 옆에 앉은 교관에게 이런 저런 지시를 받고 있는 젊은 훈련생이라는 사실을 깨달았다. 평탄치 않은 출발 이후 친구는 그렇게 쉽게 제안을 받아들인 것을 후회했다. 그는 이렇게 말했다. "이륙 전에 내려달라고 말하고 싶었지만 그건 남자답지 못한 행동이었지. 그래서 입을 다물고 눈을 꼭 감은 채 이스탄불에 안전하게 도착하기만을 기도했어."

선

터키 사회에서는 오스만 시대부터 전해져 내려온 혼전 풍습이 여전히 행해진다. 여자들이 얼굴을 가리지 않고 집 밖을 나서는 일이 없는 데다 집에 찾아온 남자 손님과도 어울리지 못했던 시절에는 남자와 여자가 만날 기회가 없었다. 결혼은 남자 쪽 집안의 친지가 평판 좋은 확실한 신붓감을 추천하는 형식으로 이루어졌다. 그래서 양가에서 관심을 보이면 날을 잡아 남자 쪽 여자들이 신붓감 집을 방문했다. 여자가 물이나 터키 커피를 대접하는 동안 손님들은 그녀를 유심히 살펴봤다. 말하자면 선을 보는 것이다.

몇 분 동안 여자를 지켜본 것만으로 어떻게 결혼 같은 중대사를 결정할 수 있는지 의아해하는 사람도 있을 것이다. 과거에는 이럴 때 여자를 판단하는 기준이 분명히 있었던 것 같다. 노인들의 얘기를 들어보면 오스만 시대에는 여자의 침대가 잘 정돈돼 있는지를 유심히 보았고 여자에게 밥을 짓게 한 뒤 밥알을 한 줌 쥐어 벽에 던졌다고도 한다. 밥알이 벽에 달라붙으면 그 여자는 예비 구혼자와 결혼할 기회를 잃는다(잘 지어진 터키 밥은 찰기가 없다). 그것이 사실이건 아니건 오늘날 그런 식의 테스트는 생각할 수도 없으므로 사람들은 그저 커피를 내오는 것을 보고 판단하는 데 만족한다.

현대에 들어서는 남녀가 자기 배우자를 직접 찾지만 예전

풍습이 완전히 사라진 것은 아니다. 가족 울타리 밖에서 남자와 여자가 만나 결혼을 결정하지만 결혼 전에 양가가 만나 남자의 부모가 여자에게 정식으로 청혼하고 여자의 부모는 두 사람의 결혼을 정식으로 축복한다.

여전히 신붓감을 선보려고 남자의 친척들이 찾아오기도 한다. 그런데 여자가 남자에게 관심이 없다면 어떻게 할까? 무례를 범하지 않고도 방문객들을 단념시키는 방법이 있다고 한 이스탄불 여자가 귀띔한다. "설탕 대신 소금을 넣어서 자신이 덜렁대는 여자라는 것을 보여주거나 옷에 커피를 엎질러서 살림에 서툴다는 것을 보여줄 수 있어요. 어떤 선택을 할지는 그날 여자의 기분에 달려있죠."

가정

오스만 시대에는 가정이 아주 복작거렸다. 결혼한 아들 부부가 여전히 집에서 사는 것은 기본이고 남자는 아내를 네 명까지 둘 수 있었다. 그런데 1923년 터키 공화국의 건국 이후 모든 것이 바뀌었다. 지금은 아내를 한 명만 허용하는 데다 신혼부부는 전처럼 신랑 부모와 함께 살지 않고 따로 가정을 꾸린다.

이런 변화된 제도에도 불구하고 여전히 복작거리는 가정도 제법 있다. 그 이유는 성별에 관계없이 부모와 함께 사는 미혼 자녀들 때문이다. 터키는 세계에서 출생률이 가장 높은 나라 중 하나다. 특히 동부 아나톨리아에서는 열 명에 가까운 자녀를 둔 가정이 일반적이고 전체 인구의 60퍼센트가 20세 미만이다.

가사 분담

결혼식 동안 누가 누구의 발을 밟건(69쪽 '결혼' 부분 참조) 집은 분명 여자의 영역이며 여자가 절대적 권한을 가지고 집안을 관리한다.

터키 여성에게 가정은 단순한 보금자리 이상이다. 가정은 그녀의 삶이고 그 외의 것은 심지어 직업마저도 부수적인 수단에 불과하다. 물론 예외도 있지만 그렇다고 규칙이 없어지는 것은 아니다. 이런 환경에서 남편은 거의 하숙생 같은 존재다. 실제로 성냥이나 감자 자루, 심지어 자기 양말이 집안 어디에 있는지도 모르는 남자들이 수두룩하다.

남편에게는 상을 차리거나 설거지를 하는 정도의 도움도 기대할 수 없다. 이건 노예제도나 마찬가지라고 생각하는 사람들도 있겠지만 터키 여자들은 집안일을 자신의 고유 영역으로 여긴다. 여자들이 집과 남편을 공유했던 오스만 시절의 기억이 집단의식 속에 생생하게 남아있어서인지 여자들은 자기 홀로 집을 소유하고 관리할 수 있다는 것을 사회에 증명할 필요성을 느낀다. 게다가 집안일을 돕는 남자는 남자답지 못하다는 사회적 분위기가 있어서 평소에 집안일을 나눠서 하는 남자도 남들 앞에서는 하지 않는다. 한편 많은 여자들은 이런 상황을 자신의 우월함의 증거로 해석하는 경향이 있다. 그들은 이렇게 말한다. "남편이 도와준답시고 전부 엉망으로 만들어놔서 어차피 내가 다시 해야 한다니까. 차라리 내가 해버리고 말지."

터키에서 여성들은 경찰에서 총리까지 거의 모든 직업 분야에 진출해 있지만 여자들이 좀처럼 관심을 두지 않는 직업 중 하나가 웨이트리스다(택시 운전도 그렇다). 성별은 레스토랑에서 주문과 지불을 누가 할 것인지를 결정하는 요인이기도 하다. 남자들끼리 식사할 때는 초대한 사람이 계산하지만 여성이 있을 경우에는 한 가지 법칙만이 적용된다. 남자와 동행했을 때 여자는 레스토랑에서 돈을 내지 못한다. 왜냐고? 물어볼 필요도 없다. 여전히 남자다움을 요구하는 분위기 때문이다.

노인

부부가 결혼하면 분가해서 아이들을 키우며 살지만 이것은 어디까지나 부모가 늙고 병약해지고 외로워지기 전까지다. 제도적인 도움이 존재하지만, 터키 사회는 노인을 시설에 보내는 것을 곱지 않은 시선으로 바라본다. 그래서 주로 가족들이 노인을 돌본다. 노인을 위한 지역 차원의 마땅한 여가활동 프로그램이 없어서 노인들은 남는 시간을 스스로 해결해야 한다. 대부분은 붙박이처럼 집에 머물며 가벼운 가사 일을 돕는데 그보다 더 중요한 노인의 역할은 가족들에게 인자한 사랑을 베풀고 도덕적 가르침을 주는 것이다.

아이들

터키에 오면 어디서나 아이들이 보이고 아이들의 소리가 들린다. 아이들은 도처에 있다. 거리에, 정원에, 건설 현장에, 상가에, 발코니에, 아파트 건물 출입구에, 정원 담벼락 위에. 사시사철 변함이 없다. 방학 기간이 아닐 때도 아이들이 전부 학교에 있을 거라고 생각한다면 오산이다. 많은 학교에서 오전반 오후반이 따로 있는 교대수업을 실시하기 때문에 학생들의 절반은 교실에 있지만 나머지 절반은 밖에서 그 날의 숙제를 하거나 자기 차례를 기다린다. 그러나 나는 아이들을 오전반과 오후반이 아니라 혜택 받은 아이와 혜택 받지 못한 아이로 구분하려 한다.

혜택 받은 아이는 부유한 가정에서 태어나 자식을 끔찍이 아끼는 부모 손에서 자란다. 이 부류에 속하는 아이들은 밥을 먹을 때도 옆에서 시중 드는 사람이 있는데, 심지어 엄마가 한 손에는 접시를, 다른 한 손에는 스파게티 가락이 대롱대롱 매달린 포크나 요구르트가 뚝뚝 떨어지는 숟가락을 들고 쫓아다니며 마치 '도망자'가 그 한 입을 먹지 않으면 당장 굶어죽을 것처럼 "딱 한 입만 더 먹자, 응?"하며 사정하기도 한다.

그 반면에 혜택 받지 못한 아이들은 좁은 집에서 부대끼며 살고 학교가 끝나면 부모를 도와 일하러 나간다. 그렇지 않으면 먹고 살기가 힘들기 때문이다. 이런 아이들은 구두를 닦거나 자동차 창문을 닦거나 시장에서 쇼핑백을 들어주거나 복권이나 신문을 팔지만 결국 장성해서는 엄마의 숟가락을 피하며 어린 시절을 보낸 이들보다 더 성공하기도 한다.

출산율이 높은 터키는 어디를 가나 아이들이 넘쳐난다.

할례

할례는 모든 터키 남자아이들이 치르는 유일한 종교의식이다. 순례를 떠난다거나 금요일에 이슬람 사원에 간다거나 라마단 기간 중에 절식을 한다거나 정결한 식사 규정을 따르는 따위의 다른 종교적 관행들은 피할 수도 있지만 할례를 하지 않았다는 터키 남자의 얘기는 들어본 적이 없다.

주로 5세에서 15세 사이의 소년들이 할례를 받는데 이 순간은 유대인의 바르 미츠바와 마찬가지로 유년기에서 성년기로 넘어가는 전환점으로 간주된다. 할례는 주로 날씨가 포근한 봄이나 여름에 진행하며, 같은 가족 내에서 여러 명이 함께 하거나 가난한 집 소년들은 합동으로 치르기도 한다. 집에서 할례를 하는 경우도 있지만 홀을 빌려 친척들을 식사에 초대하는 것이 일반적이다.

수술 며칠 전부터 할례 당일까지 소년들은 특별한 옷차림을 한다. 흰 셔츠와 흰 바지를 입고 '마샬라maşallah(신의 가호가 깃들기를!)'라는 문구가 적힌 빨간 띠를 두른 다음 마지막으로 흰 모자를 쓴다. 어린 소년들은 특별한 주목을 받게 된 것에 대한 뿌듯함과 앞으로 겪을 일에 대한 두려움을 동시에 안고 부모와 함께 거리를 활보하며, 부러운 시선으로 자신을 바라보는 다른 소년들 앞에서 특별한 복장을 과시한다. 또한 할례를 앞둔 소년들은 이때만큼은 자신이 무슨 짓을 해도 벌 받지 않을 것임을 알기에 마음껏 장난을 치기도 한다.

수술 후에는 할례를 받은 아이들을 위한 연회가 열리고 손님들이 선물을 준다. 부모는 행사 중요성에 걸맞게 금시계나 자전거, 컴퓨터, 전기 기차 세트 또는 그와 비슷한 가격대의 선물을 준비하고, 손님들은 그 정도로 무리하지는 않지만 일단 초대를 받으면 장난감이나 적당한 가격의 선물을 꼭 가져온다.

대안적 삶의 방식

"터키는 이슬람 국가이면서도 동성애자의 삶에 대해 여느 이슬람 국가와는 다른 태도를 보인다." 대안적 삶의 방식을 추구하는 사람들을 돕는 것을 목적으로 하는 웹사이트(www.globalgayz.com)에 리처드 애몬이라는 한 작가가 쓴 글이다. 그는 또 이렇게 썼다. "진보적이고 서구적인 터키는 게이들이 너무 튀지 않게 행동을 조심하면 상당한 표현의 자유와 성취감을 주는 직업과 낭만적인 친교를 누리도록 허용한다."

너무 튀지 않기 위해 큰 노력이 필요하지도 않다. 인구가 1200만 명에 달하고 동성애 문화를 포함해 다양한 문화를 쉽게 수용하는 이스탄불에서는 특히 그렇다. 탁심 광장 주변에서는 수백 여 곳의 카페와 술집, 레스토랑이 동성애자건 이성애자건 온갖 성향의 손님들을 반갑게 맞이하고, 술탄 아흐메드 지역에서는 스스로 '게이 친화적'이라고 광고하는 호텔들까지 있다.

또한 이스탄불에는 대안적 삶의 방식을 추구하는 사람들을 위한 비정부권익보호단체 람브다가 있는데, 이 조직은 「Kaos GL」이라는 잡지를 출간하고 상담전화 서비스를 제공하며 기금조성 행사를 조직하는 등의 활동을 한다. 람브다 웹사이트(www.lambdaistanbul.org)를 확인하면 유용한 정보를 얻을 수 있다. 그러나 어떤 웹사이트는 대안적인 방식으로 사는 사람이 '튀는' 행동을 했을 때의 위험성을 경고하기도 한다.

미신

터키에는 많은 미신이 존재한다. 배울 만큼 배운 사람들도 미신의 영향으로부터 완전히 자유롭지 못하다. 예를 들어 치료 목적으로 돈을 받고 주술 또는 마술을 쓰거나 병자에게 입김을 불어넣는 등의 행위, 점을 봐주는 행위를 법으로 금지하고 있지만 사회 구성원 대다수가 그런 행위를 믿고 의지한다.

악마의 눈

가장 널리 퍼져있는 믿음은 악마의 눈과 관련된 것이다. 인간은 자신이 갖지 못한 좋은 것을 남이 가지고 있을 때 부러움과 시기심을 품게 되어 있다. 터키인들은 이런 시기심 때문에 해를 입을 수 있다고 믿는다. 파란 눈이나 초록색 눈을 가진 사람들은 특히 위험하다고 생각한다. 그래서 남이 가진 재산과 남에게 좋은 소식이 생긴 것을 축하할 때는 항상 "마샬라"를 덧붙인다. 그리고 악마의 눈으로부터 아이와 재산을 보호하기 위해 파란 눈 모양 구슬[6]을 달아둔다. 혹시 어떤 여자가 자기 귓불을 당기며 입술을 오므려 '쪽'하는 소리를 내는 것을 본다면, 그녀가 방금 좋은 소식을 말한 것이라고 확신해도 좋다. 그녀는 '악마의 귀에 총알을 쏜' 것이다. 이는 좋은 소식보다 총알이 먼저 악마의 귀에 닿기를 기원하는 행위이다.

또한 사람들이 먼 길을 떠날 때 안전한 여행을 기원하며 그 앞에 주전자의 물을 부어주는 관습도 있다. 그리고 신을 겹치게 벗어놓으면 신발 주인에게 문제가 생긴다고 믿는다. 또한 위험한 일을 시작할 때는 "비스밀라bismillah(신의 이름으로)"라고 말하고 오른쪽 발을 먼저 뗀다.

칼이나 가위 같은 날카로운 물건은 액운을 가져온다고 여겨진다. 그래서 직접 건네지 않고 상대방이 가져가도록 바닥에 내려놓는다. 그러기가 여의치 않다면 액운을 쫓기 위해 살짝 침을 뱉은 다음 건네준다.

하늘에 뜬 초승달을 보자마자 미소 지으면 다음에 초승달이 뜰 때까지 계속 웃을 일만 생긴다고도 믿는다.

사다리 밑을 지나가는 것이나 13이라는 숫자를 피하는 따위의 국제적인 미신들도 존재한다. 그래서 길에서 13이라는 숫자가 들어간 번지수를 찾기 어렵다. 100도 사람들이 번지수로 쓰기를 꺼리는 숫자다. 그래서 98 다음에 곧바로 102로 넘어가곤 한다. 그러나 이는 미신이라기보다 웃음거리가 되기 싫어서다. 터키에서는 화장실을 '위즈 누마라yüz numara'라고 에둘러 표현하는데, 이것이 숫자 100을 뜻하기 때문이다.

동물에 관한 미신도 있다. 거미를 죽이거나 검은 고양이나 올빼미를 보면 불운이 찾아온다고 믿는다. 검은 고양이와 올빼미는 밤과 연관돼 있기 때문인데, 실제로 밤은 많은 불확실성과 신비를 간직하고 있어서 두려움의 대상이 된다. 주부들은 해가 진 이후에는 집안일을 하지 않는데, 캄캄한 구석에 어둠의 혼령이 도사리고 있을지도 모른다는 두려움 때문이다.

4

터키 사회 들여다보기

생각은 세계적으로, 행동은 지역적으로.

– 1980년대 중반 '지구의 친구' 슬로건

사교

여름이 길고 무더운 여느 지중해 연안 국가들과 마찬가지로 터키 사람들도 정원이나 발코니, 공원, 거리, 커피숍 같은 야외에서 많은 시간을 보낸다. 그런 곳에서는 지인들과의 관계가 더욱 돈독해지고 자연스럽게 새로운 관계가 형성되기도 한다. 물론 독신남이 독신녀에게 접근하지 않는 한 그렇다는 얘기다. 터키인들은 누군가의 소개 없이도 스스럼없이 말을 걸고 마치 오래전부터 알고 지낸 사람처럼 대화를 나눈다. 이렇게 야외에서 시작된 사교는 겨울에도 서로의 집을 방문하는 형태로 계속된다.

외국인에 대한 터키인들의 태도

어떤 이유로든 다른 나라에서 정착하려는 사람에게 가장 중요한 질문은 그 나라 사람들이 외국인에게 수용적인 태도를 갖고 있느냐이다. 목적지가 터키라면 마음을 놓아도 될 것 같다. 세계에서 터키만큼 호의적이고 사귐성 있는 나라도 드물다. 외국인혐오증(xenophobia)이라는 단어도, 또 그것이 의미하는 정서도 이곳 사람들에게는 생소하기만 하다.

호칭

이름

터키에서는 아주 가까운 사람들 사이에서만, 그것도 동년배일 때만 서로 이름을 부른다. 나이차가 있을 때 여성은 하늠Hanım, 남성은 베이Bey 같은 추가적인 존칭으로 연장자임을 표시한다(예를 들어 Ayse Hanım, Ahmet Bey). 한국인들이 이름 뒤에 언니 또는 누나, 형 또는 오빠 호칭을 붙이는 것과 비슷하다. 서로 가깝지 않은 관계에서도 이런 존칭을 적용한다. 그리고 직함은 순서상 이름 맨 앞에 온다(예를 들어 Doktor Aki Bey).

현대화 과정에서 새로운 형태의 호칭도 쓰기 시작했다. 남자 이름 앞에 붙는 바이Bay와 여자 이름 앞에 붙는 바얀Bayan이 그것이다. 이 호칭은 주로 봉투에 이름을 쓸 때 이용한다. 좀 더 정중하게 표현하려면 여기에 '존경하는'을 뜻하는 사이은 Sayın을 덧붙이면 된다(예를 들어, Sayın Bay Ahmet Kaya 또는 Sayın Bayan Ayse Kaya).

사람들 간의 사교적 · 감정적 친밀성은 가족 호칭을 씀으로써 전달된다. 예를 들어 터키인이 누군가를 "아흐메트 삼촌Ahmet Amca"이나 "아이세 이모Ayse Teyze"라고 부를 때 두 사람이 꼭 친척이 아닐 수도 있다. 또한 이성끼리 대화할 때 상대에게 사심이 없으며 가족처럼 순수한 마음임을 표현하기 위해서도 그런 식의 호칭을 이용한다. 판매원이 지나가는 여자에게 "언니, 이리 와서 이 상품들 좀 보세요Abla, gel su mallara bir ba"라고 하거나 "이모, 수박 한번 드셔보실래요?Teyze, karpuz istiyor musun"라고 말하는 것도 무리 없이 받아들여진다.

센과 시즈

불어에 튀tu와 부vous가 있고 독일어에 두du와 지sie가 있는 것처럼, 터키에도 상대방을 부를 때 사용하는 격식의 정도가 다른 두 가지 대명사가 있다. 센sen은 2인칭 단수 형태이고 시즈siz는 2인칭 복수 형태다.

가장 간단명료한 정의는 sen은 한 사람을 부를 때, siz는 두 사람 이상을 부를 때 이용한다는 것이다. 그러나 실제로는 그리 단순하지만은 않은데 나이와 사회적 지위, 거리감 등의 특정 조건이 충족될 경우 siz 역시 한 사람을 부를 때 쓰기도 한다. 달리 말해 상대방의 나이나 지위가 화자보다 높으면 반드시 sen 대신 siz를 써야 한다. 마찬가지로 상대방과 아직 가깝지 않다고 느낄 경우에도 siz를 쓸 수 있다.

호칭으로 나이나 사회적 지위를 표시할 때는 쌍방 간의 호칭이 비대칭적이다. 나보다 나이가 많거나 지위가 높은 사람을 부를 때 siz라는 호칭을 써야 하는데, 그러면 상대방은 나를 부를 때 sen이라는 호칭을 쓰게 된다. 그러나 서로 거리감이 있을 때는 이런 비대칭성이 적용되지 않는다. 대화하는 쌍방이 친밀한 관계가 아니면 두 사람 모두 siz를 쓴다. 여기서 호칭을 선택하는 데 어려움이 발생할 수 있다. 예를 들어 택시기사를 부를 때는 어떤 호칭을 선택해야 할까? 그의 사회적 신분이 자신보다 낮다고 생각한다면 sen으로 부를 수도 있지만 그를 전에 만난 적이 없다면 siz가 적절할 것이다. 결국 여기서는 개인적인 선택을 해야 한다.

사회적 거리감은 또 하나의 모호한 영역을 낳는다. 새로 알게 된 사람들끼리는 서로를 siz라고 불러야 하지만 두 사람이 언제까지나 처음 만난 사이로 머물 수는 없다. 따라서 시간이 지나 친한 사이가 되면 sen으로 넘어가야 마땅할 것이다. 하지만 호칭을 바꾸는 시기가 문제다. 아는 사람을 '친구'로 받아들여 그 호칭을 sen으로 승격시키기에 적절한 시기는 언제일까? 이 문제로 혼란스럽다면 가장 안전한 방법은 터키 원어민에게 판단을 맡기는 것이다. 아니면 괜히 엉뚱한 실수를 하느니 차라리 계속 격식을 차리는 편이 낫다.

여럿이 아닌 한 사람에게 격식을 차리는 의미로 siz를 사용하는 것은 도시적인 관행이다. 시골에서는 sen과 siz가 처음에 설명한 딱 한 가지 기능, 즉 단수/복수 표시의 기능만을 갖는다. 만일 시골에 가서 존경심이나 정중함, 또는 거리감을 표현하기 위해 누군가를 siz라고 부른다면 상대방은 왜 자신을 그렇게 부르는지 이해하지 못해서 주변에 자기 말고 또 누가 있는지 두리번거릴 것이다.

화제

무엇에 대해 얘기할 것인가?

터키인들은 보통 날씨 얘기를 하지 않는다. 날씨가 늘 안정적이어서 흥미로운 대화거리가 되지 않기 때문이다(겨울에는 거의 항상 춥고 여름에는 항상 덥다). 그 대신 경제 상황과 정치, 축구, 그리고 자녀들에 대해 얘기하기를 좋아한다.

터키로 출발하기 전에는 꼭 최근 물가상승률을 알아둬야 한다. 터키인들이 자기 나라와 비교하려고 잘 묻는 질문이기 때문이다. 터키에서는 2003년까지 물가상승이 계속되었고, 집권당이 어디건 이것은 정치적 반대의 빌미를 제공했다. 이후 터키를 유럽연합에 가입시키기로 마음먹은 새로운 터키 정부는 물가상승률을 한 자리수로 낮췄다. 1970년대부터 예전 정부들이 한 번도 이룬 적 없는 성과였다. 따라서 물가상승률은 매력적인 화제이며, 특히 지금은 터키인들에게 조국의 경제적 성취에 대한 자부심까지 품게 해주는 주제이다.

돈에 대한 터키인들의 관심은 거시경제에만 국한되지 않는다. 혹시 수입이 얼마나 되는지 질문을 받는다면 당황할 필요 없다. 터키인들은 자기 수입을 과시하거나 수입에 대해 불평하기를 좋아한다. 그래서 여기서도 비교를 위한 근거를 갖고 싶어 하는 것이다.

민감한 문제

터키에서는 피해야 할 화제가 있는데 그중에서도 키프로스 문제, 아르메니아 문제[7], 인권 문제를 특히 조심해야 한다. 터키인들은 많은 면에서 서구 사회를 높이 평가하지만 이상의 문제들과 관련한 서양인들의 태도가 부당하고 공정치 못하다고 생각한다. 관광 책자가 친절하게 알려주는 것처럼 터키는 동서양이 만나는 곳으로 다른 사회와는 다른 점이 많기 때문에 특정 주제에 대해서는 의견을 지나치게 내세우지 않을 것을 권한다. 이런 주제들에 대해서는 어느 정도 감을 키워야 하며 그 주제가 너무 민감하거나 반감을 사지 않을 것이라는 확신이 들 때까지는 앞서 언급한 특정 쟁점들에 대한 얘기가 나오면 함부로 나서지 않는 것이 상책이다.

몸짓 및 손짓 언어

이성과 악수도 하지 않을 만큼 엄격하게 종교적인 사람들을 제외하면, 터키인들은 대체로 사회적 상호작용으로 서로를 만지거나 끌어안는 것을 좋아한다. 대화를 할 때도 매우 가까이 서서 이야기를 나눈다. 이 사실을 모르면 터키인과 대화를 나눌 때 적절한 거리를 두기 위해 계속 뒷걸음질 치게 될 것이다.

입맞춤

양 볼에 입을 맞추는 정도는 남자들 사이에서도 용인된다. 그러므로 남자가 다른 남자의 볼에 입 맞추는 것을 보고 엉뚱한 상상을 할 필요는 없다.

손에 입을 맞추기도 하지만 이는 두 사람 사이에 나이 차가 있을 때만 하는 행동이다. 나이가 적은 쪽이 연장자의 손을 잡고 손등에 입을 맞춘 뒤 눈썹 위치까지 들어 올린다. 이 행동은 존경의 표시이며 양쪽의 성별에 관계없이 행해진다. 서양식으로 여성의 손등에 입을 맞추는 것은 제한된 집단에서만 행해진다.

사람들 앞에서 진한 키스를 하는 것은 허용되지 않는다. 그런 키스는 너무 사적인 것이어서 공개적으로 해서는 안 된다고 생각한다. 결혼식에서도 신랑은 신부의 이마나 볼에 입 맞춘다. 이보다 더 친밀한 키스는 무분별하고 참을성 없는 행동으로 간주돼 눈총을 받기 십상이다.

의미 있는 동작

터키 사람들은 고개를 아래로 끄덕여 '그렇다'를 표현한다.

휘파람 언어

터키는 일명 휘파람 언어라는 것이 있어서 여러 해 동안 몇몇 언어학자의 관심을 끌어왔다. 그러나 이 특이한 언어 형태는 흑해 지역의 쿠쉬쾨이(새의 마을)라 불리는 마을에만 존재한다. 이 지역 사람들은 소리쳐도 들리지 않을 만큼 멀리 떨어져 있는 사람들끼리 휘파람으로 소통한다. 이곳을 방문했던 한 여자가 언젠가 신기한 듯 말했다. "쿠쉬쾨이 여자들은 어떻게 겨우 휘파람만으로 '저녁 식사가 다 준비되었다'고 알려 숲에서 나무를 하던 남편을 식탁으로 불러올 수 있는 걸까요? 우리 집에서는 바로 옆방에 있는 남편도 몇 번을 불러야 간신히 나오는데 말이에요."

신이 되고 싶었던 인간의 욕망이 잠들어 있는 넴루트 산. 기원전 64~38년에 콤마게네 왕국의 통치자 안티오쿠스 1세가 자신의 능묘와 신들의 석상을 넴루트 산 정상에 만들었으나 훗날 지진에 의해 무너져 내렸다.

오스만 건축의 정점을 보여주는 쉴레이마니예 사원. 돔형 지붕, 타일 첨탑, 문양을 새겨 넣은 대리석 벽감 등 오스만 스타일의 고유한 건축미를 감상하기에 가장 좋은 표본이다.

터키 최대 규모인 술탄 아흐메드 사원. 내부의 벽과 기둥이 모두 푸른색 타일로 조각조각 장식되어 '블루 모스크'라고도 부른다. 사원 중앙의 거대한 샹들리에도 압권이다.

춤을 사랑하는 터키인들은 그것을 종교의식으로까지 승화시켰다. 이슬람의 한 종파인 메블레비 교단은 하얀 예복에 원뿔형 모자를 쓰고 행성계 같은 궤도를 빙글빙글 돌면서 신과 영적으로 소통하는 의식을 치른다.

안탈리아 지역 부근에 있는 1만 5000석 규모의 고대 원형 극장, 아스펜도스. 세계에서 가장 잘 보존된 고대 유적 중 하나다.

헷갈리는 동작

어떤 외국인이 터키에 도착하자마자 담배를 사려고 상점으로 들어갔다. 그는 담배가 있는지 물었지만 상점 점원은 눈썹을 치켜 올리고 혀를 찰 뿐 아무 말이 없었다. 세 번을 물었는데 똑같은 반응이 돌아오자 그는 황당해 하며 가게에서 나갔다. 그러나 머지않아 상점 점원의 행동이 별로 특이한 것이 아님을 알게 되었다. 알고 보니 터키에서는 모두들 부정적인 답을 할 때 혀를 찼던 것이다.

이 동작을 한 번만 할 수도 여러 번 반복할 수도 있고, 눈을 감고 할 수도 뜨고 할 수도 있다. '아니다'를 나타내는 제스처는 외국인에게 다소 혼란스러울 수 있는데, 고개를 좌우로 젓는 대신 눈썹을 치켜 올리고 고개를 뒤로 한 번 젖힌다. 여기에 '쯧' 하고 혀를 차는 행위를 동반하기도 한다. 고개를 좌우로 젓는 동작은 '모르겠다'는 의미인데, 이럴 때는 주로 어깨를 으쓱하며 아랫입술을 내미는 동작을 동반한다. 한편 한쪽 어깨나 양 어깨를 한 번 짧게 으쓱하는 것은 '상관없다'는 메시지를 전달하는 동작이다.

몇 가지 손동작도 있다. 주먹을 쥔 채 검지만 위아래로 까딱하며 누군가를 가리킨다면 그것은 많은 영어권 사회에서와 마찬가지로 '경고한다'는 의미이다. 허공에서 손을 빙글빙글 돌린다면, 지금 말하고 있는 경우가 수없이 많이 일어난다는 점을 강조하는 것이다. 손끝을 모아 입술에 갖다 댄다면 '훌륭하다' '멋지다'는 뜻이다. 또한 "안녕하세요?"라고 물었을 때 오른손을 가슴까지 올리는 경우도 있는데, 이는 아무 문제없이 잘 지내고 있음을 뜻한다.

또한 차라리 의미를 모르는 편이 좋을 불쾌한 손동작들도 있다.

손님 접대

터키인들은 손님을 잘 접대하기로 유명하다. 재정 상태가 어떻건 자신이 가진 범위 내에서 손님을 극진하게 접대한다. 믿기지 않겠지만 아나톨리아에서는 아무 집이나 문을 두드려 하룻밤 잠자리를 청하면 기꺼이 잠자리를 제공한다. 초면인 손님을 신이 보낸 사람이라고 간주하기 때문이다. 물론 오랜 도시 생활의 결과 타인에 대한 불안과 불신을 품게 된 도시인들에게는 그 정도까지 기대하기 어렵다. 그러나 지리적 위치에 관계없이 모든 터키인들에게 손님 접대는 어떤 대가를 치르더라도 최선의 방법으로 완수해야 할 종교적 임무에 가깝다. 터키와 영국의 관계가 긴장 국면이었던 1920년대에 터키를 방문한 그레이스 엘리슨은 『앙고라의 영국 여인』에서 자신이 경험한 내용에 대해 썼다. 한번은 그녀가 한 터키 가정을 방문했는데 안주인이 무척 미안해하면서 자신은 아픈 친척을 보러 가야 한다며 아들을 데리고 나갔다. 그녀의 남편은 남아

해안가 가정집 풍경. 터키인들은 손님을 집으로 초대해 대접하는 것을 즐긴다.

서 요리를 하고 식사를 차리고 설거지를 했다. 모든 면에서 완벽한 접대였다. 그레이스 엘리슨이 떠날 때가 되었을 때, 그녀는 집주인 눈에 눈물이 고인 것을 보고 자신이 뭔가 기분을 상하게 했는지 물었다. 그제서야 그는 아침에 처남이 죽어서 아내가 장례식에 참석하기 위해 손님 접대를 그에게 맡기고 혼자 집을 나섰다고 설명했다. 부부는 이처럼 가슴 아픈 불행 앞에서도 손님 접대를 소홀히 할 수 없었던 것이다. 그것도 적대적인 국가에서 온 낯선 여자에게 말이다.

초대

터키인들은 남에게 좋은 인상을 남기기 위해 무척 신경을 쓴다. 그러니 "지나다 잠깐 들렀어."라는 변명이 통할 만큼 친한 친구가 아니라면 예고 없이 남의 집을 방문하는 것은 삼가는 게 좋다. 터키인들은 누가 언제 방문할 것인지를 미리 알고 싶어 한다. 가장 좋은 옷으로 갈아입고 집안을 정리하고 음식을 준비할 시간이 필요하기 때문이다. 할례 의식이나 결혼 피로연 같은 아주 공식적인 자리가 아니면 초대장을 보내지 않고 전화를 걸거나 사람을 보내서 초대하는 것을 선호한다. 터키인들은 레스토랑이 아닌 집에서 식사 대접을 하는 것을 자랑스럽게 여긴다.

전화를 걸어 특정 날짜에 방문해도 좋은지를 물어도 무방하다. 그러나 초대를 받은 입장이건 스스로 방문을 청한 입장이건 한 가지 알아둬야 할 것이 있다. 터키인들은 손님에게 몇 시에 오라고 말하는 것을 몹시 불편해 한다. 손님이 언제 가야 할지 물어도 정확한 대답을 회피하고 대충 이런 식으로 말한다. "일곱 시 넘어서 아무 때나요." 또는 "일곱 시나 여덟 시쯤이요." 시간을 너무 정확하게 말하면 자칫 그 시간 전후에 찾아오는 것을 반갑게 여기지 않을 거라고 상대편에서 오해할 수도 있기 때문이다. 이런 경우 중간을 택해서 일곱 시 삼십 분쯤 도착하는 것이 최선이다.

어떤 옷을 입어야 할까?

어디서나 옷을 과하게 차려입는 사람들은 늘 있기 마련이지만, 일반적으로 터키에서 적절한 옷을 선택하는 원칙은 여느 국가와 크게 다르지 않다. 그러나 여기서 알아두면 좋을 주의사항이 있다. 이슬람 사원을 방문할 때는 반바지 차림을 피해야 한다. 대부분의 종교적 장소는 '점잖은' 여분의 옷을 비치해두고 필요한 경우 입구에서 관계자가 갈아입도록 권하지만, 비치된 옷이 부족해서 여성 방문객이 과도하게 큰 남자 바지를 입거나 남성이 롱드레스를 입어야 하는 우스운 상황이 발생할 수도 있다.

터키인들은 즉석에서 초대를 제안하는 경우도 심심찮게 있다. 우연치 않게 식사 시간에 터키 가정을 방문하게 되면 사람들이 '변변치 않은' 식사를 함께 하자고 권할 것이다. 말이야 변변치 않다고 하지만 아마 손님을 위해 찬장에 있는 모든 식자재를 동원할 것이다. 물론 찬장에 무엇이 있느냐에 따라 때로는 아주 독창적인 조합이 나오기도 한다. 언젠가 어떤 외국인이 한 농가에서 가정식 비스킷 사이에 터키식 젤리과자를 끼운 음식을 대접받았다고 말하는 것을 들은 적이 있다. 그녀가 그런 경우가 흔하냐고 물었을 때, 나는 그렇지는 않지만 그 기발한 안주인은 자신이 가진 자원으로 손님을 대접한 것에 만족하며 그날 밤 편안하게 잠들었을 것이라고 대답했다.

방문

터키 거리는 여름에는 늘 흙먼지가 날리고 겨울에는 진흙으로 질척하다. 그래서 전통적인 가정으로 들어갈 때 손님들은 신을 벗게 되어 있다. 안주인은 손님에게 체면을 세울 기회를 주기 위해 일단은 신 벗는 것을 만류한다. 혹시라도 손님이 그날 아침 멀쩡한 양말로 갈아 신는 것을 깜빡했을지도 모르기 때문이다. 그런데도 손님이 신을 벗고 들어가겠다고 고집하면 특별한 경우를 위해 준비해둔 슬리퍼를 즉시 내준다.

그런 뒤 손님을 객실로 안내한다. 객실은 손님을 접대할 때를 제외하면 가족들이 출입하지 않는 공간이며 집에서 제일 좋은 가구와 크리스털이나 은제 장신구로 꾸며져 손님들의 감탄을 자아내곤 한다. 가장 나이가 많거나 중요한 손님이 바스쾨세bas köse라고 부르는 상석에 앉도록 안내된다. 상석은 객실에서 가장 눈에 띄고 문에서 가장 멀리 떨어진 자리다. 터키인들은 문과의 거리를 중요하게 생각하는데, 손님을 문가에 배치하면 가급적 빨리 떠나주기를 바라는 것으로 비칠 수 있다고 여기기 때문이다. 그래서 문에서 가장 가까운 자리는 주로 안주인 차지다.

전통적인 가정에서는 여전히 안부 인사 '의식'으로 대화를 시작하는 것이 관례이다. 가정의 최고 어른이 손님 중 최고 연장자와 안부를 교환한 다음, 나이 순 또는 사회적 지위 순으로 다른 손님들과도 인사한다. 그 뒤로 가족 중 두 번째 어른이 또 차례대로 손님들과 인사를 나눈다. 집안의 모든 구성원이 모든 손님과 안부 인사를 나눌 때까지 이 과정을 반복한다. 그렇다 보니 인원이 많을 때는 모두들 자신의 건강 상태를 수십 번 전하게 되는 우스꽝스러운 상황이 벌어지기도 한다.

그런 다음 거의 10분 간격으로 뭔가를 계속 권하는 과정이 진행된다. 전통적인 가정에서는 제일 먼저 오드콜로뉴라고 하는 묽은 향수를 권한다. 안주인이나 그 딸이 레몬 향이나 라벤더 향 향수병을 들고 와서 손님 손에 듬뿍 뿌려준다. 그러면 손님은 손목과 목, 얼굴, 머리에 향수를 바른다. 이런 식으로 기분을 상쾌하게 한 다음 다과와 음료가 뒤따른다. 그 종류는 계절과 가정의 사정에 따라 결정된다. 차와 커피, 과일주스, 터키식 젤리과자, 초콜릿, 사탕, 케이크, 과자, 샌드위치, 파이, 과일, 아이스크림 등이 나올 수 있다.

그렇다면 언제 집으로 돌아가야 할까? 집주인의 신호를 기다린다면 평생 그 집에서 나오지 못할 것이다. 손님 접대 예절 상 집주인이 그런 신호를 보낼 리 없기 때문이다. 속으로는 이제 손님이 가야 할 때라고 생각하더라도 말로는 "왜 그렇게 서두르세요? 한창 즐겁게 얘기 나누는 중인데."라고 할 것이다. 따라서 이 문제를 결정하는 것은 전적으로 손님의 몫이다. 일반적으로 낮 손님은 오후 여섯 시 삼십 분, 저녁 손님은 자정 이전에 돌아간다.

손님을 배웅할 때 집주인이 외투를 입혀주려 할 것이다. 이는 그저 친절이 아니라 존중의 표시이므로 너무 선뜻 받아들여서는 안 된다. 그러나 집주인이 외투를 꼭 입혀주겠다고 고집한다면 못 이기는 척 따르시라. 그냥 외투를 걸치고 감사를 표한 뒤 이 집에서 극진한 대접을 받은 것을 뿌듯해하며 우아하게 떠나면 된다.

선물 주고받기

터키인들은 생일이나 기념일, 결혼식, 할례 의식 같은 특별한 경우뿐 아니라 간단한 저녁 식사 모임에서도 선물을 주고받는다. 이 점은 여느 문화와 다르지 않다. 그러나 터키에만 적용되는 특별한 점은 선물을 건네는 방식이다. 선물 전달 의식을 이해하기 위해 꼭 필요한 배경 정보가 몇 가지 있다.

선물을 주는 것은 상대에 대한 존경을 표하는 행위이기 때문에 애정에 걸맞은 물건을 선택해야 한다. 그러나 값비싼 선물일수록 받는 이에게 부담이 될 수 있다. 한마디로 진퇴양난의 상황이다. 그렇다면 이런 곤란한 상황을 어떻게 해결해야 할까? 소박한 물건을 사되 선물을 건넬 때 존경심을 충분히 표현하는 것이다. 아니면 좀 더 좋은 방법은 선물을 직접 건네지 않고 사이드테이블이나 복도 의자에 슬쩍 두고 나오는 것이다. 마치 나올 때 찾아오는 걸 잊은 것처럼 말이다. 이렇게 하면 집주인에게 대단치 않은 선물에 고마움을 표할 기회를 주지 않을 수 있다. 이 경우 집주인 역시 손님이 꾸러미를 놓고 가는 것을 못 본 척하고, 손님이 돌아갈 때 굳이 물건을 찾아가라고 상기시키지 않을 것이다.

아니면 선물을 집주인 손에 쥐어주는 대담한 방법을 쓸 수도 있는데 그럴 경우 꼭 자신을 낮춰 "시제 라이윽 데길 아마 Size layık degil ama"라고 말해야 한다. 이 말은 '당신에게 턱없이 부족하지만'으로 해석할 수 있는데, 우리 식으로는 '약소합니다만' 정도의 의미이다. 관례상 누구도 이 문장을 끝까지 말하지 않지만 이는 그 사람에 대한 존경심에 걸맞은 선물은 없다는 찬사의 말로 간주된다.

이처럼 공공연히 선물을 건넨다면 집주인은 예를 들어 "아니, 뭘 이런 걸 다……" 하는 식으로 얼버무리고 애초에 손님이 선물을 슬쩍 놓고 갈 수도 있었을 사이드테이블이나 복도 의자에 꾸러미를 내려놓을 것이다. 꾸러미 안의 내용물이 그 자리에서 꺼내 모두에게 나눠줄 초콜릿이나 꽃병에 꽂을 꽃이 아니라면, 관례상 선물한 사람 앞에서 개봉하지 않는다. 선물을 준 사람이 충분히 자신을 낮췄는데 굳이 왜 호들갑스러운 감사의 말로 긁어 부스럼을 만들겠는가? 이렇게 하면 받는 사람 역시 "맙소사, 내가 항상 원하던 선물이네요. 천만번 감사드립니다." 따위의 말을 해야 하는 어색한 상황에서 벗어날 수 있다.

일부 유럽 국가에서는 정찬 초대를 받은 손님이 흔히 와인을 가져오지만 터키에서는 와인이 그만한 인기를 누리지 못한다. 그 대신 초콜릿이나 과일, 꽃이 전통적인 선물이다.

마지막으로, 여자를 위해 꽃을 살 때 한 가지 주의할 점이 있다. 예를 들어 일곱 송이 장미, 아홉 송이 카네이션, 열한 송이 글라디올러스처럼, 꽃은 항상 홀수로 사야 한다. 이유는 무엇일까? 아무도 아는 사람이 없지만 내 짐작으로는 그것이 은근한 찬사의 표현인 것 같다. 여기 꽃처럼 아름다운 여인이 있으니 꽃이 홀수여야 짝이 맞는다는 뜻이 아닐까?

결혼

어머니는 딸이 태어남과 거의 동시에 혼숫감을 준비하기 시작한다. 그래서 딸이 17세쯤 되면 침대보며 수건, 테이블보, 예쁜 냅킨, 속옷 등이 잔뜩 쌓인다. 아들의 경우는 언젠가 때가 되면 인구에 회자될 만한 성대한 결혼식을 열기 위해 아버지가 매월 돈을 조금씩 저축해두고 신혼부부를 위한 가구도 구입한다. 신부 측에서는 침실과 주방 가구를 마련하고, 거실과 식당을 채울 물건은 신랑 측에서 책임진다.

지역적으로 차이가 있긴 하지만 웨딩드레스는 여느 나라와 마찬가지로 흰색이며 신부는 혼인 서약을 마칠 때까지 면사포로 얼굴을 가리고 있다. 혼인 서약이 끝나면 신랑은 신부의 면

사포를 벗기고 두 볼에 키스한다. 중매로 결혼하던 옛날에는 이때 신랑이 신부의 얼굴을 처음 보게 됐는데 이 순간 신랑이 기겁을 하는 경우도 종종 있었다. 요즘 결혼식에서 이 절차는 그냥 하나의 의례로서만 존재한다.

터키인들은 결혼식 도중에 신랑과 신부 중 상대의 발을 밟은 쪽이 결혼 생활에서 주도권을 잡게 된다고 믿는다. 그래서 대부분 커플이 테이블 밑에서 서로의 발을 찾느라 몰두한 나머지 결혼식 자체에는 집중하지 못한다. 혹시 두 사람이 발 찾기를 중단하면 친구들이 소리 질러서 쉽게 항복하지 못하도록 상기시킬 것이다.

어떤 지역에서는 선물로 웨딩드레스에 지폐를 꽂아주는 풍습을 유지하고 있지만 도시의 결혼식에서는 새로 꾸민 가정에서 쓸 수 있는 실용적인 물건을 선물한다. 처음 신혼집을 방문할 때는 집들이 선물을 가져간다. 결혼 후 첫 한두 달은 신혼부부가 밤낮없이 손님을 치르고 선물을 받는다. 장식용 소품과 주방 및 식탁 용품이 가장 흔한 결혼 선물이지만 요즘은 신혼부부가 직접 필요한 물건 목록을 만들어두기 때문에 미리 물어보면 불필요한 고민과 시간 낭비를 면할 수 있다.

탄생

임신 중인 예비 엄마의 방에는 예쁜 소녀와 잘생긴 소년의 사진을 걸어놓는다. 산모가 예쁜 것을 봐야 예쁜 아기를 낳는다는 믿음 때문이다. 또한 생후 40일 간은 부정을 타기 쉬우므로 엄마와 아기가 집안에 머물며 방문객을 맞이하는 것이 최선이라는 믿음도 있다. 이럴 때 가져오는 흔한 선물 중 하나는 금화인데, 크기와 두께는 선물하는 사람의 주머니 사정과 그 가족과의 관계에 따라 달라진다. 아기를 위한 옷이나 장난감도 일반적인 선물이다. 아기 부모는 자랑스러운 마음에 신문에 출생 광고를 내고 주로 출산에 도움을 준 의사나 산파에게 감사를 표한다.

'남자다운 남자는 남자다운 아들을 얻는다.' 아버지의 기대를 압축적으로 보여주는 속담이다. 실제로 터키인들은 가족의 성과 재산을 물려받게 될 아들을 딸보다 더 귀하게 여기는 경향이 있는데, 이로 인해 종종 얘기치 않은 결과가 발생하기도 한다. 언젠가 마르마리스에 사는 노인들이 때늦은 후회로 머리를 쥐어뜯고 있다는 얘기를 들은 적이 있다. 마르마리스는 50년 전까지만 해도 터키인들에게조차 생소했던 곳이지만 지금은 국제적인 인기와 풍요를 누리는 에게 해의 휴양지가 되었다. 과거에 그 노인들은 경작지로 적합한 내륙 토지는 아들에게 물려주고 경작에 적합하지 않아 쓸모없다고 여긴 해안 토지는 딸에게 물려줬다. 그 결과 딸과 사위는 지금 그 땅에 호화로운 호텔을 지어 돈을 긁어 들이고 있는데 아들은 여전히 감자와 양파를 심고 있다는 것이다.

죽음

출생과 마찬가지로 죽음도 신문으로 알린다. 출생 광고는 너무 눈에 띄게 내지 않는 반면, 부고는 가문의 부富에 따라 아주 거창하게 내기도 한다. 때로는 같은 사람에 대해 직계가족과 친척, 친구, 심지어 동료들이 실은 부고 기사가 신문지 한 면을 빼곡하게 채우기도 한다.

특히 여름에는 오래 지체하지 않고 시신을 매장해야 한다. 따라서 먼 곳에 사는 친척들이 장례식에 도착하기까지 허용되는 시간은 겨우 하루나 이틀뿐이다. 시신은 장의사가 깨끗이 씻어 향수를 뿌리고 수의를 입힌 다음 이슬람 사원으로 모셔가 장례식을 치른다. 이맘Imam(종교 지도자)이 코란을 읽고 그곳에 모인 사람들에게 묻는다. "여러분, 이 분은 어떤 분이었습니까?" 그러면 모두가 대답한다. "그 분은 좋은 사람이었습니다." 이로써 마지막 여행길에 오른 사람이 과거를 모두 청산하고 새 출발을 할 수 있도록 돕는 것이다. 장례식이 끝난 뒤에는 유가족이 친척과 친지, 그리고 장례식에 관여한 종교 종사자와 가난한 사람들을 위해 만찬을 베푼다.

장례식에 참석한 추모객들은 어두운 색 정장을 입고 여자들은 스카프 등으로 머리를 가린다. 선물은 가져가지 않으며, 화환을 보내던 풍습은 점차 망자의 이름으로 자선단체에 기부하거나 나무를 심는 방향으로 바뀌고 있다.

특별한 묘석

묘지는 망자의 이름과 출생일, 사망일을 새겨 넣은 흰 대리석 묘석들 때문에 한눈에 알아볼 수 있다. 관직에 따라 다른 관모(冠帽)를 쓰고 다녔던 오스만 시절에는 망자의 직책을 표시하기 위해 묘석 위에 똑같은 관모를 새겨 넣는 관습이 있었다. 이제는 그런 관습이 이어지지 않지만 배를 타고 보스포루스 해협을 지나다 보면 해안 제방을 따라 곳곳에 산개해 있는 오래된 묘지에 터번이 새겨진 묘석들이 줄지어 선 광경을 볼 수 있는데, 그 모습이 마치 오스만 시절의 망자들이 무덤에서 일어나 자신이 사랑했던 도시가 어떻게 변했는지 엄숙하게 지켜보는 것 같다.

5

터키에서 살아보기

우리가 모든 것에 익숙해진다는 것.
우리는 그것에 익숙해진다.
우리는 이를 학습 과정이라고 부른다.

– 한스 마그누스 엔첸스베르거

같은 나라에서 다른 지역으로 이주하는 경우에도 새로운 환경에 정착하기란 쉽지 않은 일이며 배우고 익숙해져야 할 것들이 많다. 하물며 전혀 다른 나라에 정착하는 경우는 배움의 과정이 더 길어질 것이고 더 힘겨운 경험이 뒤따르기도 한다. 이 장은 장기든 단기든 터키에 체류하려는 사람들이 좀 더 수월하게 정착할 수 있도록 돕기 위해 썼지만 터키 여행을 계획 중인 사람들에게 유용할 만한 정보도 다수 포함되었다.

형식적 절차

입국 비자

한국은 터키와 비자면제협정을 체결해 비자 없이 90일간 체류할 수 있다. 특정 국적을 가진 사람들에게는 3개월 이하의 단기 체류에 대해서도 입국 비자가 요구되므로 본국의 터키 대사관에 문의해 확인하도록 한다. 일반적으로 입국 공항에서 소정의 수수료를 지불하면 입국 비자가 발급된다.

체류 비자

터키에서 여행자들에게 허용되는 3개월 이상의 체류를 희망하거나 사업을 시작할 생각이라면 체류 비자가 필요하다. 이런 형태의 비자는 각국의 터키 총영사관이나 대사관을 통해 취득할 수 있다. 유학 또는 취업을 목적으로 체류할 계획이라면 터키에 도착하기 전에 총영사관이나 대사관이 발급하는 학생 비자나 취업 비자를 반드시 취득해야 한다. 학생 비자를 신청할 경우 입학 예정 학교의 허가서가 필요하며, 취업 비자의 경우 터키 주재 회사로부터 취업 확인서 등의 허가서를 떼서 제출해야 한다. 또한 취업 비자를 신청하기 전에, 터키인 고용주가 터키 노동사회보장부에서 외국인 고용 승인을 받았는지 확인하는 것이 현명하다. 이밖에 연구나 동굴 탐사, 등반과 관련된 체류의 경우에도 터키 대사관에서 비자를 신청할 수 있다.

배우자용 비자

배우자와 자녀를 동반하고 취업을 위해 터키에 입국하는 경우, 본인의 체류허가증을 취득하기 위해 고용주가 제출한 것과 똑같은 서류를 가족용으로도 제출해 관련 체류허가증을 취득해야 한다.

터키에 도착해서 밟아야 할 첫 단계는 입국 후 1개월 이내에 현지 경찰서에 신청해 이카멧Ikamet이라고 부르는 체류허가증(거주증)을 취득하는 것이다. 최대 체류허가 기간은 2년이다. 방문자가 터키를 떠날 때 경찰서에서 체류허가증을 받아 보관하는 경우도 있는데 터키로 재입국하면 곧바로 찾을 수

대사관에서 학생 비자 또는 취업 비자를 신청할 때 필요한 서류

- 여권 원본 + 여권 사본
- 비자 신청서
- 여권용 사진 2매
- 입학 허가서 또는 공증 받은 근로 허가증
- (취업 시 가족동반인 경우) 동반 가족 이름이 기입된 회사보증서
- 수수료

터키 경찰서에서 체류허가증을 신청할 때 필요한 서류

- 여권 사본 + 입국날짜가 찍힌 사본
- 일반인은 터키 은행계좌 필수
- 비자 사본
- 학생은 학교 초청장 또는 학적부 사본
- 수수료

있다. 제3국으로 여행하는 중간에 터키를 경유하는 사람들에게는 통과비자를 요구하지 않는다.

주택 임차

> **주택 임차를 위해 필요한 서류**
>
> - 여권 원본
> - 취업 비자 또는 체류 비자

터키에도 부동산 중개업자가 있지만 집주인과 세입자에게 높은 수수료를 부과하기 때문에 별로 인기가 없다. 그래서 많은 사람들이 적극적으로 살 곳을 직접 찾아 나선다.

주택이나 아파트가 필요한 사람들은 거리를 걸으며 집주인이 'kiralik(세놓음)'이라고 써 붙인 창문을 찾는다. 일반적으로 원하는 지역에 몇 차례 '출격'을 나갔다가 실패하고 나면 그제야 최후의 수단으로 공인중개소를 찾는다. 아니면 지역 신문 광고란을 매일 확인하거나 빈 아파트를 알고 있는 친구의 소개로 방을 얻기도 한다.

터키 현지에 아는 사람이 없다면 재터키한인회에 필요한 정보나 도움을 요청해보자. 홈페이지(www.turkeykorean.net)를 통해서도 정착과 생활, 구인구직 등에 관한 기본 정보를 얻을 수 있다.

아파트에서 살기

터키에도 정원이 있는 단독주택이 있긴 하지만 그런 집들은 대개 도심에서 한참 떨어진 곳에 있어서 자가용이 없으면 살

터키의 아파트 생활은 우리와 다르게 이웃 간의 결속이 돈독하다.

기 힘들다. 터키에서 좀 더 일반적인 주거 형태는 아파트이다.

터키에서 아파트는 이웃들이 허물없이 어울리는 공간이다. 이사를 오자마자 이웃들이 찾아와 자기소개를 하고, 먹을 것과 물, 양초를 가져다주고(가스와 전기를 연결하기까지 하루 이틀 시간이 걸릴 것을 예상해) 가스와 전기 등을 신청하는 것을 도와준다. 단시간 내에 상대를 알기 위해 사적인 것을 꼬치꼬치 캐묻고 자신에 대한 비슷한 정보와 함께 동네에서 제일 좋은 식료품점이나 우체국 위치, 쓰레기 수거일 따위의 몇 가지 지역 정보를 일러주기도 한다. 사람들은 이웃이 부재중일 때 그 집 문을 두드리는 낯선 사람을 주시하고 자신이 집을 비울 때도 이웃이 똑같이 해줄 것이라고 믿는다. 그들과 섞이기 싫어하거나 그들의 호기심과 공동체 정신을 충족시켜주기를 꺼리는 사람을 보면, 그들은 그 사람이 뭔가 숨길 것이 있거나 너무 도도하게 군다고 여길 것이다.

이런 공동체적인 분위기에서 카프즈가 결속의 중심 역할을 한다. 카프즈는 원래 '문지기'를 뜻하지만 정말로 그를 문지기 같은 존재로 생각한다면 큰 오산이다. 카프즈는 안내인이요 잡역부요 경비요 수위요 관리인이요, 그런 쪽으로 우리가 생각할 수 있는 모든 역할을 합쳐놓은, 한마디로 아파트에 없어서는 안 될 존재이다.

카프즈의 전통은 공화국 건국 이후 주거 상황의 변화와 함께 시작되었다. 예전에는 사람들이 단독주택에서 살았고 집 한 채 당 한 가족이 거주했다. 그런데 도시 인구가 증가하면서 더 많은 사람들을 수용하기 위해 아파트가 점점 더 높아졌고 이런 건물의 공동 영역을 책임질 누군가가 절실히 필요해졌다. 그러나 누가 이 일을 맡을 것이며 필요한 노동력을 위한 비용을 거주자들이 어떻게 충당할 것인가? 당시에는 시골에서 도시로 이주하는 사람이 상당히 많았고, 중앙난방 보일러 옆에 있는 지하실 공간은 그런 이주자들 중 한 명을 공짜로 머물게 하면서 그 일을 맡기기에 안성맞춤이었다. 일단 시골 이주자가 그곳에 정착한 뒤 결혼해서 신부도 그리로 데려왔다. 그런 다음 같은 마을의 사촌과 이웃, 친구들을 불러서 같은 아파트 다른 동의 카프즈로 취직시켰다. 이런 식으로 시골 출신 사람이 혈혈단신으로 도시에 왔다가 몇 년 만에 같은 건물에서 직계가족을 확대하고 인근에 지연 집단을 형성했다.

오늘날 카프즈는 24시간 근무하는 직업이다. 건물 내부와 외부를 청소하고 정원을 관리하고 나무의 가지를 치고, 하루에 두 번씩 장을 대신 봐주고, 수리와 페인트칠, 배관 공사를 하는 사람이 누구인가? 바로 카프즈다. 날마다 중앙난방을 켜고 끄고 예상되는 기상 상황에 대응해 난방을 조정하는 이는 누구인가? 카프즈다. 이른 아침 가장 일찍 집을 나서는 주민보다 더 일찍 주 출입문을 열어주고 밤에 모든 주민들이 돌아온 뒤 문을 잠그는 사람이 누구인가? 바로 카프즈다. 당뇨병 환자가 한밤중에 인슐린 주사를 맞아야 한다면 어떻게 할까? 그냥 문 옆에 있는 버튼을 눌러 카프즈를 부르면 된다. 그러면 카프즈가 간호사를 불러다줄 테니까. 실수로 열쇠를 안에 두고 나왔는데 문이 잠겨있지 않은 발코니로 기어 올라가기 두렵다면 어떻게 할까? 절망하지 말고 기다리자. 우리의 카프즈가 사다리를 가져와 올라가기 쉽게 해주거나 심지어 직접 올라가서 수고를 덜어줄 수도 있다. 또한 우편배달부가 우편물을 정문 앞에 맡기고 가면 그것을 각자의 집까지 가져다주고, 너무 피곤해서 쓰레기를 버릴 기력이 없을 때 쓰레기까지 버려준다. 게다가 휴일에 여행을 떠나면 그동안 대신 화초에 물을 주고 카나리아의 먹이를 주고 길고양이와 개들을 정문에서 멀찌감치 쫓아내는 일도 한다. 게다가 그는 엉덩이가 가볍지도 않다. 카프즈가 자신이 관리하는 아파트 동을 바꾸는 경우는 아주 드물다. 카프즈는 죽을 때까지 처음 도시 생활을 시작한 터전을 떠나지 않는다.

공공 서비스와 편의시설

수도와 전기

이 두 서비스는 지자체에서 독립적인 예산으로 운영한다. 정부로부터 보조금을 받기는 해도 예산은 아주 빠듯하다.

터키 가정에서는 늘 양초나 가스등, 물통 등을 예비로 비축해둔다. 정전이나 단수가 자주 일어나며 그럴 때마다 이런 예비품이 유용하기 때문이다. 정전과 단수는 대체로 주기적이다. 다시 말해 특정 날짜, 특정 시간에 일어날 수 있기 때문에 좀 성가시긴 해도 대비만 잘하면 그럭저럭 버틸 수 있다. 하지만 예기치 못한 상황에서 갑자기 정전이나 단수가 일어날 수도 있다. 예를 들어 중요한 손님을 접대하고 있거나 목욕을 하는 도중에 그런 일이 닥칠 수도 있다.

그런 갑작스러운 상황에 익숙하지 않은 외국인들은 수도꼭지를 잠그지 않고 외출하는 일이 없도록 각별히 주의해야 한다. 단수 중에는 수도꼭지를 잠그지 않아도 아무 문제없지만 그러다 물이 다시 나오기 시작하면 낭패를 볼 수 있기 때문이다. 이때 수도꼭지를 잠글 사람이 없다면 해당 층 전체와 아래층까지 물바다가 될 수 있다.

일부 소규모 호텔과 게스트하우스는 수도요금 절감을 위해 특정 시간에 자체적으로 단수를 한다고 하는데, 이런 경우 애초에 정색을 하고 따져서 문제를 해결해야 한다. 샤워를 하려할 때마다 창밖으로 머리를 빼고 "물 좀 틀어줘요!"라고 고함쳐야 한다면 문제도 시원하게 해결되지 않을 뿐더러 괜히 휴가 기분을 망치기 십상이다.

가스

터키에서는 가스가 전기보다 싸기 때문에 거의 모든 조리기기를 가스로 작동하지만 이용하는 가스 형태가 모두 같지는 않다. 천연가스 공급이 수요에 못 미치기 때문에 주로 주변 국가에서 가스를 수입해서 쓰고 있다.

앙카라 대부분 지역과 이스탄불 일부 지역은 가스 배관이 가정까지 연결돼 취사용과 난방용으로 쓰고 있지만 그 외 대부분은 취사용 가스통을 따로 구입해서 쓴다. 시중에서 몇 가지 제품을 판매하고 있는데, 카프즈가 그중 괜찮은 제품을 추천해줄 것이다.

취사용으로 가스통을 사용하는 것이 생각만큼 번거롭지는 않다. 가스가 떨어졌을 때 전화 한 통이면 공급자가 즉시 새 가스통을 배달해주고 동시에 다 쓴 가스통을 수거해 간다. 물론 업무 시간 중에만 해당되는 얘기다. 아니면 집 앞을 지나는 가스 판매상을 소리쳐 부를 수도 있다. 가스 판매상은 날마다 주기적으로 지나간다. 세심한 주부들은 가스가 얼마나 남아있는지를 늘 주시하고, 더 세심한 주부는 수납장에 여분의 가스통을 비축해둔다.

가구 구입

중고 가구를 사는 것은 만만치 않은 일이다. 날마다 신문 광고란을 샅샅이 뒤져서 마땅한 가구를 찾거나, 아니면 에스키지eskici라고 하는 골동품점이나 비트 파자르bit pazarı라고 부르는 벼룩시장에서도 중고 가구를 구할 수 있다. 그러나 돈이 문제가 아니라면 대체로 가구는 유행의 첨단을 걷는 시내 가구점에서 구입하거나 주로 도시 외곽에 있는 생산 현장에서 고객의 요구에 맞게 주문 생산한다. 기성 가구는 값만 비쌌지 물건이 다 비슷비슷해서 어느 가게에 가나 개인적인 취향과 용도에 딱 맞는 물건을 구하기 힘들기 때문에 당장 급하지 않으면 후자의 방법을 추천한다.

외국인들이 많이 근무하는 도시에는 가구가 딸린 아파트들도 있는데, 이런 숙소의 임대료는 일반 숙소보다 두세 배나 비싼 수 있다. 그런데 정작 터키인들은 남이 쓰던 가구를 꺼리는 습성이 있어 십중팔구 가구가 딸리지 않은 집을 찾는다.

해외에서 가구 가져오기

은행이나 기업체, 공장 또는 외국 공관에서 최소 2년 이상 근무하는 외국인은 관세 지불 없이 터키로 가재도구를 가져올 수 있다. 다른 체류 외국인도 은행 보증서나, 체류 기간 이후 물건을 터키 밖으로 반출하지 않으면 모든 관세를 지불할 것을 보증하는 유사한 서류를 제출하면 임시수입제도를 통해 관세를 피할 수 있다.

침구

대도시 밖에서는 여전히 서구식 이불을 찾기 어렵다. 터키인들은 공단 천에 목화솜을 채운 누비이불을 워낙 좋아하기 때문이다. 이런 이불은 보통 이불 가게에서 특별 제작하는데 오래 사용해 이불솜이 납작하게 눌리면 2~3년마다 이불 가게로 가져가 솜을 다시 틀어서 쓴다. 솜 트는 광경을 한 번도 본 적이 없다면 이불 가게 주인이 솜틀을 이용해 작업하는 모습을 구경하는 것도 좋은 경험이 될 것이다. 공중에 솜먼지가 날리는 모습이 마치 시베리아 강풍에 눈송이가 이리저리 날리는 것처럼 보인다.

베개는 솜, 깃털, 스펀지를 비롯해 다양한 충전재를 채운 제품이 시판되기 때문에 별 문제가 없다. 일반적으로 터키인들은 솜 베개를 선호하는데 길고 더운 여름에 사용하기에 가장

상자방(box room)

이 공간의 정확한 명칭은 사실 트렁크룸이다. 이곳은 전통적인 터키식 트렁크가 간신히 들어갈 만한 작은 방이다. 밖으로 난 창문도, 계단통을 내다볼 창문도 없어서 채광이 잘 안 된다. 이 방과 그 안에 든 트렁크는 계절 변화가 뚜렷한 나라에서 소지품을 보관하는 데 있어 중요한 역할을 한다. 10월쯤 여름옷을 트렁크에 넣어 동절기 동안 걸리적거리지 않도록 치워둔다. 5월이 오면 여름옷이 다시 나오고 겨울옷이 들어갈 차례다. 그러나 이번에는 좀 더 많은 작업과 일종의 '의식'이 수반된다. 말하자면 그 날은 가족들에게 특별한 연례행사가 되는 것이다. 어른들이 그 존재조차 까맣게 잊고 있었던 옷들을 발견해 입어보는 동안 아이들은 트렁크 안팎으로 들락거리며 신나게 논다. 잠시 동안 그곳은 아이들에게 새로 발견한 매력적인 은신처가 된다. 겹겹이 쌓인 두꺼운 겨울옷들 사이에 나프탈렌을 넣고 마지막으로 맨 위에도 한 움큼 뿌린다. 그런 다음 트렁크를 꽉 닫고 여름이 끝날 때까지 방 안의 어둠 속에 묻어둔다. 이 작업을 제대로 하지 않으면 여름철에 모직에서 번식하는 좀벌레의 공격으로 모직 옷이란 모직 옷은 죄다 구멍이 숭숭 뚫리게 될 것이다.

시원하기 때문이다. 터키의 베개는 너무 길거나 너무 짧아서 유럽에서 가져온 베갯잇은 크기가 맞지 않을 수 있다. 터키인들은 보통 긴 베개 위에 작은 베개를 얹어서 사용하며, 두 베개 모두 이불과 어울리는 자수나 레이스로 장식한 예쁜 베갯잇을 씌운다.

욕실과 화장실

터키 화장실은 외국인에게 특이하게 느껴질 몇 가지 특징이 있다. 우선 대체로 냉수와 온수가 같은 수도꼭지에서 나온다. 배관 안에서 찬물과 더운물이 섞여 적당한 온도로 나오는 것이다. 또한 수도꼭지는 주둥이 부분이 길고 넓으며 세면대 바닥에서 되도록 멀리 떨어져 있다. 그 이유는 터키인들이 고인

물로 얼굴이나 몸을 씻는 것을 극도로 싫어하기 때문이다. 흐르는 물에 씻어야 제대로 씻었다고 느낀다. 그래서 세면대에 물을 받아 얼굴을 씻거나 욕조에 몸을 담그지 않는다. 욕조 안에 플라스틱이나 구리로 된 대야를 준비해놓고 이 대야로 몸에 물을 끼얹으면서 목욕하거나 아니면 더 간단하게 샤워기를 이용한다. 그 때문에 많은 외국인들은 터키에 와서 세면대와 욕조에 마개가 없는 것에 당황한다.

터키 가정에서는 또한 손님이 화장실에서 이미 걸려있는 수건으로 손을 닦을 일이 없다. 화장실 문을 닫고 들어가자마자 안주인이 노크를 하고 문고리에 깨끗한 수건을 걸어놓았다고 말할 것이다. 욕실 문을 열어보면 아마도 그 집에서 가장 좋은 수건이 문고리에 걸려있을 것이다. 보통의 경우 안주인이 별도의 서랍에 말린 라벤더와 함께 보관해서 향이 은은하게 밴 손님용 수건이다.

변기 옆에는 휴지통처럼 생긴 것이 있을 텐데, 이 통은 사용한 화장지를 버리는 용도이며 안주인이 주기적으로 비운다. 수압이 센 나라에서 온 외국인들은 이런 처리 방식을 불편하게 느낄지도 모르지만 이렇게 하면 변기가 막혀 배관공을 불러야 하는 번거로움과 비용을 피할 수 있다.

가사도우미

입주 가정부를 집에 들이려면 어느 정도 위험을 감수해야 한다. 젊은 여자일 경우, 집주인은 잔뜩 긴장하고 주변 남자들과의 접촉을 적극적으로 막아야 한다. 반면에 연세가 지긋한 할머니가 입주한다면 건강 문제로 고심해야 한다. 그래서 터키에서는 날을 정해놓고 집으로 찾아오는 가사도우미를 두는 것이 일반적이다. 정부에서 운영하는 고용센터(Is ve Isçi Bulma Kurumu)를 통해 가사도우미를 구할 수도 있지만 역시 친구들이나 카프즈를 통해 구하는 편이 더 낫다.

가사도우미는 다른 나라에 비해 업무 범위가 넓다. 터키에서 가사도우미는 오전 9시부터 오후 5시까지 종일 근무를 하는데, 바닥이며 가구며 발코니며 문이며 창문이며 온갖 것들을 쓸고 닦고 씻고 광내는 일을 한다. 어떤 집에서는 설거지와 다림질, 그리고 은식기에 광을 내는 일도 한다. 급여는 집 면적과 지역에 따라 다르며 하루에 20~30달러 선이다.

약 10년 전부터 특히 이스탄불을 비롯한 터키에서는 구소련 출신의 가사도우미를 두는 것이 유행했다. 이들은 대체로 교육 수준이 높은 편인 데도 터키인 도우미 못지않게 열심히 일한다는 평판을 얻고 있다.

교육

초등교육은 7세에 시작해 8년간 받는다. 다음 단계는 고등학교인데, 터키의 교육제도가 모델로 삼은 프랑스에서처럼 '리세'라고 부른다. 리세가 3년제이므로 일반적인 학생이 대학 입학 단계에 이르려면 총 11년이 걸린다.

공립학교는 재정 지원을 충분히 받지 못해 여러 가지로 부족한 점이 많다. 그에 비해 사립학교는 양질의 교육과 시설을 제공한다지만 그 수가 제한돼 있으며 수업료가 비싸서 대다수 사람이 감당하기 어렵다. 그럼에도 사립학교에 대한 수요는 점점 늘어나 입학시험을 통해 학생 수를 조절하는 실정이다. 학생들은 대학 진학을 위해 또 한 번 시험을 치러야 한다. 좋은 학교와 대학은 입학 문이 좁기 때문에 아이들은 입시라는 장애물을 넘기 위해 방과 후에 사설 학원에 다니거나 개인 과외를 받는다.

외국인 자녀를 위한 교육

터키에는 외국 기관이 설립한 학교가 있지만 이런 학교는 모두 터키 교육부의 관리감독을 받는다. 이스탄불과 이즈미르, 타르수스 등지에 잉글리시 하이스쿨과 프랑스계 노트르담 드 시옹, 생 브느와, 생 조제프, 이탈리안 하이스쿨, 아메리칸 칼리지 등이 있다. 이 학교들은 일부 수업은 자국어로, 일부 수업은 터키어로 진행한다.

한국인 부모들은 대부분 자녀들을 영국계나 미국계 국제학교에 보내기를 희망한다. 초등학교 취학 전인 아이에게 한국어를 가르치고 싶거나, 혹은 한국의 중고등 교과과정을 따로 가르치고 싶다면 터키 교민들이 자치적으로 운영하고 있는 '한국토요학교'에 문의하면 도움을 줄 것이다(www.turkeykorean.net 참조).

돈과 관련한 문제

최근까지 터키리라는 계속 가치가 하락했다. 지금은 그렇지 않지만 예전 습관이 남아서인지 어떤 이들은 여전히 달러로 거래하는 것을 선호한다. 집이나 사무실을 임대하는 경우는 특히 더 그렇다.

터키인들은 100퍼센트 상업적인 상황이 아니면 남에게 돈을 달라고 말하는 것을 꺼린다. 예를 들어 이발사나 호텔 벨보이에게 팁을 줄 때도 주머니에 슬쩍 찔러준다. 그러면 받은 사람도 눈치 채지 못한 척한다.

부채를 갚을 때도 절대 돈을 공개적으로 주거나 만나자마자 주지 않는다. 항상 봉투에 넣어 갑자기 생각난 것처럼 마지막에 전달한다. 받는 사람은 마치 유용하지만 입에 담기 민망한 뭔가를 받은 것처럼 봉투를 자세히 보지 않고 곧바로 집어넣는다.

은행

은행계좌 개설을 위해 필요한 서류

- 신분증
- 거주지 주소가 기재된 서류

터키에서는 19세기부터 외국 은행들이 운영되었다. 프랑스와 영국이 합자한 오스만 은행Osmanlı Bankası은 1863년에 설립되었고, 네덜란드 은행Hollandse Bank-Unie은 1921년에 문을 열었으며, 이탈리아 사람들이 소유한 방코 디 로마Banco di Roma도 오스만 시대부터 존재했다.

1990년대 말경에는 터키에서 영업하는 은행이 무척 많아졌다. 현재 터키에는 중앙은행과 56개의 시중은행이 존재하는데 그중 자국 은행이 33개, 터키에 지점을 둔 외국 은행이 16개, 합자 은행이 7개이다. 자산을 기준으로 한 상위 5개 은행은 다음과 같다.

- TC Ziraat Bankası
- Türkiye İş Bankası

- Türk Emlak Bankası
- Akbank
- Yapı ve Kredi Bankası

외국인들은 위의 다섯 은행을 포함해 환전이 가능한 은행에서 외화예금 계좌를 개설해 돈을 외화 형태로 예치할 수 있다.

외환

대부분 은행에서 어떤 외화건 터키리라로 환전해준다. 터키리라를 외환으로 환전하는 것도 어렵지 않다. 그냥 지역 환전소에 가면 바로 환전이 가능하다.

환율은 중앙은행에서 관리하지만 은행마다 고시환율이 조금씩 다르기 때문에 환전하기 전에 은행별 고시환율을 확인하는 것이 유리하다.

터키에서 생활하다 보면 간혹 너덜너덜해진 지폐를 보고 놀라게 될 것이다. 그러나 이런 지폐도 은행에서 빳빳한 신권으로 바꿀 수 있으므로 혹시 상점에서 일부가 찢어진 낡은 지폐를 주더라도 그리 문제는 아니다. 다만 한 가지 주의해야 할 점은 지폐에 아주 조금이라도 떨어져 나간 부분이 없는지 살피는 것이다. 터키 중앙은행을 제외하면 불완전한 지폐는 은행도 상점도 받아주지 않는다.

신용카드

외국인들이 많이 찾는 대도시의 백화점이나 호텔, 레스토랑에서는 비자와 아메리칸 익스프레스, 마스터카드, 다이너스클럽 같은 주요 신용카드를 이용할 수 있다. 이 카드들로 현금인

출기에서 터키리라까지 인출할 수 있다. 최저 인출액수는 그때그때 다르기 때문에 거래 전에 미리 확인해야 한다.

쇼핑

'우리 가게'

주거 지역에서 사람들이 가장 자주 찾는 상점은 식료품 가게이며 길모퉁이마다 그런 가게가 한두 곳쯤은 있다. 그러나 터키인들은 이 물건은 이 가게에서 사고 저 물건은 저 가게에서 사는 게 아니라 한 곳에서 모두 구입하는 습성이 있다. 그래서 집집마다 선호하는 단골 가게가 따로 있으며 그런 상점을 '우리 가게'라고 부른다. 사람들은 주기적으로 또는 필요할 때마다 단골 가게에 들러서 그 가게에 특정 물품이 떨어지지 않은 한 일용할 빵이며 신문이며 그밖에 필요한 물건들을 모두 구입한다. '우리' 가게에 물건이 떨어지면 어쩔 수 없이 '남의' 가게에 가는데, 이럴 때는 뜨내기손님용으로 남겨둔 유통기간이 지난 물건을 사게 될 위험이 있다. 가게 주인들은 단골손님을 잘 알고 있으며 손님의 사정에 따라 일주일에 한 번 또는 한 달에 한 번 몰아서 값을 지불하는 외상거래도 기꺼이 받아들인다. "장부에 적어놓으셔." 그냥 이렇게 말만 하면 한 푼도 내지 않고 물건을 한 아름 안은 채 가게에서 나올 수 있다. 이 모든 것이 신뢰를 통해 이루어지며 양측 모두 그것을 안다.

가게 주인은 아마도 시골에서 올라와 장사 수완을 익힌 사람일 것이다. 그리고 그의 보조는 십중팔구 방금 시골에서 올라와서 그에게 훈련을 받는 중일 것이며, 모든 기본기를 익힌 뒤에는 나중에 다른 길모퉁이에 가게를 낼 것이다. 보조가 제

터키는 어느 지역에나 큰 시장(바자르)이 열리지만 주민들은 주로 동네에 있는 작은 단골가게를 애용한다.

일 먼저 배워야 할 것은 손님이 빈 손으로 가게를 나가지 않도록 하는 요령이다. 만일 손님이 원하는 물건이 없을 경우 그와 가장 비슷한 물건을 권하도록 훈련받는다. 가령 "마가린은 떨어졌는데 대신 버터가 아주 좋습니다." 라든가 "그린 올리브는 없지만 방금 들어온 블랙 올리브가 아주 실하고 맛이 좋아요."라고 말하는 것이다. 어떤 보조는 배움의 속도가 빠른 반면 그렇지 못한 보조도 있다. 휴지는 떨어졌지만 신문은 있다고 말하는 보조가 있다면 그는 아직 갈 길이 먼 것이고 한동안 같은 가게에서 계속 손님을 맞이할 것이 뻔하다.

쇼핑 일반

터키는 쇼핑객들의 낙원이다. 도심의 대형 상점과 백화점은 오후 여섯 시면 문을 닫지만 주거 지역의 소규모 상점은 밤 열 시나 그 이후까지도 영업을 한다. 바닷가 휴양지의 경우는 새벽까지 영업하는 상점들도 있다.

점원들은 빠릿빠릿하고 친절하다. 그들은 지나가는 모든 행인에게 말을 걸어 상점으로 들어와 물건을 구경하도록 권한다. 그런 권유에 익숙하지 않은 사람들에게는 조금 부담스럽게 느껴질 수도 있지만 막상 안으로 들어가 보면 생각이 달라질 것이다. 실제로 아무런 거래가 이루어지지 않았는데도, 마치 오랜 친구처럼 점원과 차를 마시며 대화를 나누게 되는 경우가 드물지 않다.

터키를 처음 방문한 사람들은 상점에서 너무도 많은 유명 브랜드를 발견하고 깜짝 놀랄 것이다. 메트로, 테스코, 미그로스, 린트, 랄프로렌, 쁘렝땅, 샴피뇽, 막스마라, 이큅먼트, 로렉스, 까르띠에 기타 등등. 어떤 이들은 터키가 개방된 시장이며 가르뎅의 신제품부터 타파웨어 식기까지 모든 물건을 수입할 수 있다는 것을 알 것이다. 그러나 어떤 시인의 유명한 시구처럼, 반짝이는 것이 모두 금은 아니다. 그러니 가격표에 8달러라고 적힌 '로렉스' 시계를 보게 된다면 믿을 수 없어서 눈을 비빌 필요는 없다. 그 물건은 아마도 터키에서 생산되었을 것이며 수명이 그 가격대의 다른 시계와 비슷할 것이다.

터키에서 포장은 모든 상점 주인과 점원이 배우는 일종의 예술이다. 예를 들어 프랑스 파이나 꽃다발을 터키보다 예술적으로 포장하는 곳은 많지 않을 것이다. 마찬가지로 포장지와 리본 품질도 우수해서 한꺼번에 구입해두면 다음 번 크리스마스 선물을 포장하는 비용을 상당히 절약할 수 있다.

터키인들은 잔돈을 싫어한다. 한때 물가상승률이 두 자릿수, 세 자릿수를 기록했던 나라에서 1센트, 10센트를 가지고 씨름하는 것은 멍청한 시간 낭비로 여겨졌기 때문이다. 그래서 상점 주인들은 서랍에서 동전을 찾아 주는 대신 풍선껌이나 성냥갑을 건넨다. 물론 이는 값싼 물건을 팔아먹는 좋은 방법이기도 하다. 대부분 고객들은 이런 거래 방식에 만족하지만 마르마리스에서 만난 한 아일랜드 관광객은 이렇게 불평했다. "한두 번이면 그러려니 했을 거예요." 그녀는 말했다. "2주쯤 지나보니 그렇게 없어진 잔돈이 제법 되더라고요. 더구나 가방에 망할 놈의 성냥갑을 잔뜩 넣고 다니는 것도 신물이 나고 말이에요." 그녀의 점잖은 옷차림을 보고 나는 다음에 빵을 살 때는 돈 대신 성냥갑을 내놓으면 어떠냐는 말을 차마 하지 못했다.

마지막으로 바자르bazaar, 말하자면 터키 판 시장이 있다. 터키에 시장이 한 곳뿐(유명한 이스탄불의 그랜드 바자르)이라고 생각한다면 오산이다. 도시마다, 심지어 동네마다 일주일에 한 번 특정 요일에 서는 바자르가 있다. 바자르에서는 생산자가 중간상인 없이 물건을 판매하기 때문에 상점보다 가격이 저렴하다. 심지어 가격이 반값인 경우도 있어서 사람들에게 인기가 좋다. 어떤 바자르는 청과물만 취급하지만 직물에서 플라스틱 제품, 양념류에서 골동품에 이르기까지 갖가지 물건을 판매하는 바자르도 있다.

카펫

터키 카펫은 세계적으로 품질이 좋기로 유명하다. 역사상 가장 오래된 카펫 생산 중심지로 알려진 곳은 코니아이다. 마르코 폴로는 13세기에 셀주크 술탄의 후원 하에 운영되던 이 도시의 카펫 작업장에 대해 언급했다. 그때 이래로 서쪽의 쿨라, 베르가마, 헤레케, 중앙 아나톨리아의 카이세리와 이스파르타, 그리고 동쪽의 카르스 같은 지역들이 수제 카펫의 중심

전통적인 카펫 가게. 지금은 공장 제품이 많지만 예전만 해도
이렇게 집집마다 수제품으로 만들어서 팔았다.

지로 번영을 누렸다. 오늘날 이스탄불 주변에는 카펫 공장들이 들어서서 공장 제품이 수제품 못지않게 많이 팔려나가고 있다. 품질 때문이 아니라 가격 때문이다. 대도시와 관광지에 카펫 상점들이 넘쳐나지만 생산지에서는 똑같은 제품을 반값 이하로도 살 수 있다.

카펫 제작은 그 자체로 하나의 예술이며 대학에서도 교육이 이루어지고 있다. 문양과 색상, 재질, 매듭 선택에서 지역적 차이가 반영된다. 어떤 카펫은 면직물로 되어 있고 어떤 것은 천연 실크로 되어 있지만 가장 알아주는 카펫은 양모 카펫이다. 양모 카펫에 좀이 슬지 않도록, 터키인들은 보통 여름에는 카펫을 돌돌 말아 중간 중간 좀 방지용 나프탈렌을 끼워서 어두운 방에 보관한다. 카펫 생산지에 따라 자잘한 꽃무늬에서 굵직한 기하학적 무늬에 이르기까지 문양도 다양하거니와 색상 역시 연한 파스텔 톤에서부터 진하고 현란한 톤에 이르기까지 다채롭다. 염색 재료와 염색 기법이 다르기 때문이다. 예전에는 이런 기법을 경쟁자들을 물리치기 위한 비법으로 취급해 지역 또는 가족 내에서만 비밀리에 전수했다.

카펫의 문양은 종종 이야기를 담고 있으며 이용한 색상 역시 의미를 갖는다. 빨간색은 터키 카펫에서 지배적인 색상으로 부와 행복, 기쁨을 상징하며 초록색은 신성함을 의미한다. 노란색은 악을 물리치기 위해 사용되며 파란색은 고상함과 고결함을 상징한다.

터키 카펫의 특별한 점은 직조 방식이다. 예를 들어 아프가니스탄 카펫이나 페르시아 카펫은 단일 매듭 방식으로 만드는 데 반해 터키 카펫은 이중 매듭 방식으로 만든다. 육안으로는 구분하기 쉽지 않지만 이중 매듭 방식으로 직조한 카펫이 훨씬 더 질기고 튼튼하고 내구성이 강하다. 터키인들이 카펫을 에블라디옐리크evladiyelik라고 부르는 것도 이 때문이다. 이 말은 '자식을 위하여'로 해석할 수 있는데, 다음 세대까지 물려줄 귀한 물건이라는 의미가 담겨있다.

한 가지 꼭 기억해야 할 것은 60년 이상 된 골동품 카펫을 터키 밖으로 가져가는 것은 불법이라는 사실이다. 카펫의 생산연도를 잘 모르는 경우, 카펫을 가지고 다른 도시로 가서라도 전문가에게 자문을 구해야 한다. 터키인들이 말하는 것처럼 악몽을 꾸는 것보다는 깨어있는 편이 나으니 말이다.

가능하면 카펫을 구입할 때 터키인 친구와 동행하는 것이 좋다. 해외로 보낼 카펫이라면 특히 그렇다. 드물긴 하지만 관광객이 터키에서 선택한 것과 전혀 다른 카펫을 자국에서 받아보게 되는 경우도 더러 있기 때문이다.

가죽 제품

첨단 유행을 따르는 의상과 가방, 신발 등의 가죽 제품은 유럽에서 이만한 가격에 구입하기 힘들 정도로 값이 저렴하다. 고가의 가죽 제품 판매점에서 구입하지 않고 생산자를 직접 찾아가면 더더욱 싸게 구입할 수 있다. 그러나 몇 가지 주의할 점이 있다. 원단이 적절히 처리되었는지(혹시 냄새가 나면 손도 대지 마시라. 평생 냄새가 가시지 않을 것이 뻔하다), 염색이 잘 되었으며 바느질은 튼튼한지 확인해야 한다.

귀금속

터키인들은 도시 출신이건 시골 출신이건 귀금속, 그중에서도 금제품에 돈을 가장 많이 투자한다. 도시 여자들은 보석이

박힌 팔찌와 귀걸이를 좋아하지만 시골 여자들은 대부분 민자 금 귀걸이와 얇은 금팔찌를 찾는다. 남자의 재력을 아내가 찬 금팔찌 개수로 평가할 수 있다는 말이 있다. 벌이가 좋을 때이 얇은 금팔찌를 하나둘 사두었다가 형편이 어려워지면 하나씩 내다 판다. 제품의 특성상 보석상들은 창의성이 풍부해야 하고 유행을 주도하는 세공품을 경쟁적으로 내놓아야 한다. 그렇다 보니 아주 혁신적이지만 때로는 과하게 화려한 장신구가 나오기도 한다. 대부분의 금은 18K이지만 22K 제품도 쉽게 접할 수 있다.

수건

목욕으로 유명한 나라 터키의 수건 품질이 우수한 것은 어쩌면 당연한 일이다. 예로부터 천연 온천으로 유명한 부르사에서 만든 제품을 최고로 쳤지만 요즘은 남부 지역 역시 두각을 나타내고 있다. 옛날에는 신부의 혼수를 수건의 자수 장식으로 판단했다. 금실 자수는 재력을 뜻하고 명주실이나 무명실 자수는 서민적인 수준으로 간주되었다. 오늘날 상점에서 구입할 수 있는 손님용 수건에도 여전히 똑같은 전통이 적용되지만 한 가지 다른 점이 있다. 예전에는 수작업으로 만들었던 반면 요즘은 대부분 기계로 재봉한 수건이라는 점이다. 그래도 섬유 기술의 진보 덕분에 그 유명한 오스만 수건의 복슬복슬하고 보들보들한 감촉이 유지되고 있는 것은 천만다행이다.

담배

터키는 세계적으로 질이 좋기로 유명한 담배를 재배하지만 흡연자가 너무 많아 작물을 모두 국내에서 소비하므로 수출할 여유가 없다. 유럽연합 국가들에서 시행하는 규정에 보조를 맞추고자 2007년 공공장소에서 흡연을 금지하는 법을 도입했으나 여전히 많은 사람들이 흡연을 자제하기보다 법을 위반하는 쪽을 택하고 있다. 터키 항공사들이 국내선에서의 흡연을 금지했을 때 탑승객들의 원성이 이만저만 아니었다. 만약 터키 가정에서 집주인에게 담배를 피워도 되는지 묻는다면 마치 숨을 쉬어도 되느냐고 묻기라도 한 것처럼 놀란 눈으로 쳐다볼 것이다. 사정이 이렇다 보니 담배라면 터키산이건 외국산(대부분 미국산)이건 다른 유럽 국가에서보다 훨씬 싼 가격에 살 수 있다. 물론 담배 구매자는 어느 누구보다 잔돈 대신 성냥갑을 받을 확률이 높다.

터키식 젤리과자

'터키시 딜라이트'라고 불리는 정육면체의 젤리과자가 있다. 수레국화와 설탕 시럽으로 만든 진짜 터키시 딜라이트는 추잉검 정도의 점성이 있으며, 우리가 흔히 접하는 초콜릿을

터키 여행자들의 대표적인 쇼핑 품목이기도 한 터키시 딜라이트. 그 종류도 다양하다.

함유한 캐러멜 색 젤리와는 먼 친척벌도 되지 않는다. 보통 끈끈한 표면에 설탕 분말을 뿌려 마무리한다. 어떤 것은 속에 아몬드와 피스타치오가 들어있다. 민트나 레몬 향 등을 첨가해 더욱 다양한 풍미를 낼 수 있지만 가장 특이하고 훌륭한 딜라이트는 장미수로 맛을 낸 것이다.

터키식 젤리과자는 이별 선물로도 인기 높다. 사람들은 기차역에서 겨우 몇 분간 얼굴을 보려고 먼 길을 찾아와서 “약소합니다만”이라고 말하며 터키식 젤리과자 상자를 조심스럽게 건네곤 한다.

흥정

터키에 갈 때는 흥정 기술을 어느 정도 알아둘 필요가 있다. 그렇지 않으면 가격표가 붙지 않은 제품을 살 때 제값보다 많은 돈을 지불할 수 있다. 그렇다고 지갑을 열 때마다 바가지를 쓸까봐 지나치게 걱정할 필요는 없다. 흥정은 높은 값에서부터 시작하는 것이 원칙이며 구매자들은 모두 이것을 알고 있다. 이런 지식을 바탕으로 가격이 합리적으로 조정된다. 판매자는 가장 높은 가격에서 시작하고 구매자는 가장 낮은 가격에서 시작한다면 어떻게 될까? 약간의 실랑이 끝에 절충점을 찾을 것이고 이것이 대략적인 적정 가격이 될 것이다. 그런데 양측이 너무 고집을 부려서 절충점에 이르지 못하면 모든 노력이 허사가 되기도 한다. 그리고 무엇보다 중요한 흥정의 원칙은 구매할 의사가 없으면 흥정을 벌이지 말라는 것이다.

점원에게 영수증은 필요 없다고 말하면 갑자기 가격이 뚝 떨어질 수도 있다. 또 한 가지 방법은 홀리 체이스가 『터키 태피스트리』에서 지적한 것처럼 매력적인 거래 전망을 제시하는 것이다. 홀리 체이스는 이렇게 말한다. "사만파자르(앙카라 외곽에 있는 시장)에서 상인들은 단골손님을 확보하려고 열심이다. 뜨내기손님에게 바가지를 씌우기보다는 특히 첫 거래에서 매력적인 가격을 제시하는 편이다. 상인들은 "시프타흐 센덴, 베레켓 알라흐탄Siftah senden, bereket Allah'tan"이라고 말하는데, '이 물건을 사가시면 신의 가호가 있을 겁니다.'라고 번역할 수 있다. 그리고 손님이 돌아가서 친구에게 가게를 추천해주면 추가 혜택이 주어진다. 판매자가 구매자를 다시 오게 만들려고 미끼를 던지는 것과 마찬가지로, 구매자도 물건을 여러 개 구입하면 값을 깎아줄 것을 요구하는 식으로 미끼를 던질 수 있다. 가격 할인은 양자에게 이로울 때만 이루어진다. 눈치 빠른 쇼핑객이라면 상인들이 흥정에 한없이 긴 시간을 소비하는 것처럼 보이는 느긋한 환경에서도 시간은 늘 소중하다는 것을 알 것이다. 이곳 상인들은 터무니없이 낮은 가격을 제시하는 사람을 하릴없이 빈둥거리며 시간이나 축내는 존재로 여겨 잘 가라는 인사조차 건네지 않는다."

물론 흥정 기술은 경험을 통해서만 획득할 수 있다. 용기를 내서 한 번 두 번 시도해보다가 나중에는 기회가 생길 때마다 시도해야 한다. 많이 시도해볼수록 실력이 늘 것이다. 또 누가 알겠는가? 그러다 보면 가장 노련한 상인도 능가할 만한 출중한 흥정 기술을 갖추게 될지.

기념품 쇼핑

어떤 나라나 마찬가지지만 터키의 기념품 판매점에도 아무짝에도 쓸모없는 조악한 물건들이 가득하다. 순전히 자국으로 돌아가기 전에 마지막 남은 돈을 쓰려는 관광객을 대상으로 만들어진 제품들이다. 앞코가 뾰족하게 위로 솟은 알록달록한 공단 슬리퍼와 갖가지 형태의 파란 눈 구슬('악마의 눈'), 놋 장신구, 옻칠한 나무 숟가락, 초록색과 베이지색 대리석 재떨이와 꽃병, 물 담뱃대 미니어처, 구리 벽걸이 접시, 그리고 행운의 마스코트라며 판매하는 작은 종이 달린 일곱 마리 코끼리 세트 등이 판매된다. 지갑이 얼마나 두둑하냐에 따라, 또는 지금껏 쌓은 흥정 기술에 따라 적당한 물건을 선택하면 된다.

노점상들

오스만 시절에는 많은 거리가 같은 종류의 물건을 팔거나 같은 종류의 서비스를 제공하는 상점들에 따로 배정되었다. 이 거리들의 이름은 여전히 남아있는데, 특히 이스탄불에서는 카잔즐라르 요쿠수Kazancılar Yokusu(솥 생산자 비탈길)나 쿠윰줄라르 자르스스Kuyumcular Carsısı(보석상 시장), 톱출라르 자데시Topçular Caddesi(포병 거리), 베즈네질레르Vezneciler(출납원 지역) 등을 찾을 수 있다. 요즘은 거리들이 특정 직업에 특화돼 있지 않고 온갖 상점과 사무실을 수용한다. 더욱이 오늘날 터키에서는 정해진 장소에서만 장사를 하는 게 아니라 근처에 단속하는 경찰만 없으면 어디서든 장사를 한다. 실제로 다양한 물건을 다양한 방식으로 가지고 다니며 홍보하는 노점상들은 터키 거리에서 흔히 볼 수 있는 광경이요 소리다.

좋은 노점상이 되려면 순발력과 시원한 목청이 필요하다. 여차하면 재빨리 물건을 챙겨 철수해야 할 뿐 아니라 주요 고객층인 주부들의 관심을 사로잡으려면 큰 소리로 호객을 해야 하기 때문이다. 새로운 기술의 발전으로 녹음기와 스피커를 갖춘 트럭도 등장했지만 그렇다고 목소리에 의존해 상품을 홍보하는 노점상의 전통이 사라진 것은 아니다. 이른 아침부터 저녁까지 거리에는 다양한 높낮이의 다양한 목소리가 다양한 간격으로 연신 울려 퍼진다.

행상들이 주로 판매하는 품목은 견과류와 씨앗, 굽거나 찌거나 튀긴 옥수수, 군밤, 아이스크림, 토피애플(꼬챙이에 꽂아 시럽을 뿌린 사과), 사탕, 요구르트, 고기나 치즈로 속을 채운 다양한 패스트리, 신문, 복권, 플라스틱 주방용품, 생화, 우유, 요구르트 음료 아이란ayran, 레모네이드와 비슷한 리모나타limonata, 발효 음료 보자boza가 있으며 그냥 식수도 판매한다.

이런 행상들은 대부분 고정된 이동경로가 없지만 매주 특정 요일, 특정 시간, 특정 장소에 나타나는 사람들도 있다. 말이 끄는 수레에 물건을 싣고 다니는 청과물 장수가 대표적이다. 또한 문자 그대로 물건을 집 앞까지 가져오는 행상도 있다. 수를 놓은 혼수용 침대보와 테이블보, 수건, 속옷을 판매하는 아주머니들이 여기에 해당된다. 또 점을 봐주러 오는 집시와 버릴 물건을 수거하러 오는 고물상들도 있다. 심지어 아기를 안고 찾아오거나 꼬깃꼬깃한 병원 처방전을 보여주며 구걸하는 거지도 있다. 이런 불청객이 찾아오면 사람들은 "알라흐 베르신Allah versin", 즉 '신께서 내려주시길'이라고 말한 뒤 문을 닫아버린다.

이발소와 미용실

터키에서는 남녀 공용 미장원을 찾기 어렵다. 남자들을 위한 이발소, 여자들을 위한 미용실이 따로 있으며 이 직종의 숙련된 기술자들은 완벽한 서비스로 명성이 자자하다.

이발소에서는 면도를 하고, 머리를 깎은 뒤 감겨서 말리고, 두피를 마사지하고, 코털과 귀의 잔털을 제거하고, 마무리로 목에 파우더까지 발라준다. 그래서 비누거품과 수건을 걷어내고 나면 거울 앞에 완전히 딴 사람이 나타난다. 또한 이 모든 과정이 화기애애한 대화 속에서 이루어진다.

이발사들이 하나같이 수다스러운 것은 우연이 아닐 것이다. 이발사 보조들이 훈련을 받을 때 우스투라라고 하는 날카로운 이발용 칼로부터 손님의 주의를 돌리기 위해 일부러 말을 거는 방법을 배우는 게 아닐까, 하는 생각이 들 때도 있다. 가위로 머리를 자르는 건 집에서 아낙들이나 하는 짓이다. 전문 이발사들은 절대 가위 따위의 비예술적인 도구를 사용해 위신을 떨어뜨리지 않는다. 최근에 있었던 축구 경기에 대한 이야기로 피가 부글부글 끓어오를 때 우스투라가 오른쪽 머리를 한 뭉텅이 잘라낸다. 유명한 영화배우의 애정사 이야기에 들어갈 때쯤 중간 부분에서 또 한 뭉텅이를 잘라낸다. 왼쪽은 최신 인플레이션 수치를 언급하는 동안 처리한다. 갑자기 이발사가 입을 다물고 수건으로 머리를 털면 그제야 손님은 의자에 앉은 후 처음으로 이발사의 손에 들린 우스투라와 거울에 비친 자신의 모습을 보게 된다.

미용사들도 말이 많기는 마찬가지지만 화제가 좀 더 여성스럽다. 미용사의 역할은 손님의 주의를 돌리는 것이 아니라 손님을 즐겁게 해주는 것이다. 염색과 탈색, 머리 자르기와 다듬기, 드라이 등을 하는 내내 지역에서 나도는 소문에 대한 이야기가 끊이지 않는다. 양지바른 해변에서 일광욕을 즐기는 관광객처럼 긴장을 풀고 온몸을 늘어뜨린 채 앉아있는 동안, 한 소녀는 손톱 손질을 해주고 다른 한 소녀는 발톱 손질을 해주고 또 다른 소녀가 다리털을 제거해준다. 어린 소년이 가끔 미용사가 턱으로 가리키는 부분을 헤어드라이어로 말려주고 그보다 더 어린 소년이 거울을 들어 스승이 등 뒤에서 행한 기적을 손님에게 보여준다.

서비스를 받는 내내 손님은 마치 온갖 하인들에게 둘러싸인 여제라도 된 기분에 젖는다. 그러다 정신을 차려보면 자신이 미용실에서 얼마나 불필요한 노동력을 고용했는지 깨닫고 후회가 밀려온다. 팁 줄 시간이 되면 곁에 서있는 직원들의 주머니에 조용히 돈을 넣어줘야 한다. 지위에 따라 액수는 다르지만 가장 큰 몫은 역시 최고 서열의 미용사에게 돌아간다.

건강과 병원

의료

터키 전역에 여러 외국계 병원이 분포해있다. 앙카라에는 발가트 아메리칸 테시슬레리Balgat Amerikan Tesisleri라는 미국계 병원이 있고 가지안테프에도 미국계 병원이 한 곳 있다. 이즈미르에는 이뇌뉘 카데시İnönü Caddesi라는 유대인 병원이 있으며, 이스탄불에는 다음과 같은 다수의 외국계 병원이 있다.

- 프랑스 병원(Şişli)
- 이탈리아 병원(Tophane)
- 독일 병원(Taksim)
- 국제 병원(Yeşilköy)
- 영국 브리스틀 제독 병원(Nişantaşı)
- 유대인 병원(Ayvansaray)

그밖에도 앙카라와 이스탄불, 이즈미르에 우수한 사립 병원들이 있으며, 병원에 대한 정보는 현지 약국에서 얻을 수 있다.

안전을 위한 팁

- 지진 발생 시의 행동 수칙을 숙지해둔다.
- 노점상에게 먹을 것을 살 때 조심한다.
- 병에 담긴 생수만 마신다.
- 길거리 동물(고양이, 개, 새)을 멀리한다.
- 대중 시위를 피한다.
- 날 생선과 비살균 유제품을 멀리한다.

약국

약국은 오전 아홉 시에서 오후 일곱 시까지 문을 열지만 동네별로 한 곳씩 돌아가며 24시간 서비스를 제공한다. 해당일에 해당 지역에서 어느 약국이 야간에도 영업하는지 알려면 지역 신문의 당번 약국nöbetçi ezcaneler 란을 찾아본다.

약국에서는 응급처치와 함께 의료 관련 조언을 해준다. 게다가 주사도 맞을 수 있다. 너무 아파서 외출할 수 없는 상황이면 약국에서 주사를 놓아줄 현지 간호사를 알선해 보내줄 수도 있다. 국립병원은 대기자 명단이 길기로 유명하고 사립병원은 진찰료가 너무 비싸기 때문에 많은 사람들이 아프면 우선 약국부터 찾는다. 많은 약이 처방전 없이 약국에서 판매되며 좀처럼 병이 낫지 않을 때만 병원에 의존한다.

교통

스위스의 어떤 카레이서가 터키와 터키 운전자들에 대해 아주 흥미로운 말을 했다. 스위스에서는 모두들 법에 따라 행동한다는 것을 알기 때문에 운전하기가 너무 지루한 반면 터키에서의 운전은 예측 불허의 상황들로 가득한 경험이라는 것이었다. "사람들이 왼쪽 오른쪽에서 마구 끼어들고 뒤에서 갑자기 튀어나오거나 갑자기 바로 코앞에서 정지하기도 한답니다. 다음에 어떤 일이 벌어질지 당최 예측할 방법이 없지요. 그래서 여차하면 빨리 대응하기 위해 늘 긴장하고 있어야 하죠. 어떤 이들은 이것을 위험하다고 말하겠지만 난 짜릿하다고 하겠어요."

어떤 시각으로 바라보건, 터키의 교통사고율이 세계 최고 수준이라는 것만큼은 분명하다. 몇 년간 운전자들을 상대로 '교통 괴물'에게 양심을 잠식당하지 말자는 캠페인을 벌이기도 했지만 효과는 별로 없었다. 고속도로에 있는 한 자동차 정비소의 표지판은 똑같은 취지의 메시지를 좀 더 효과적으로 표현했다. "저희 정비소에 당신의 생명을 교체할 예비 부품은 없습니다. 안전 운전하세요." 이 글을 읽는 것이 우연히 그 길을 지나는 제한된 수의 운전자들뿐인 것이 안타깝다. 문제는 교통 범칙금이 너무 적어서 전혀 위협적이지 못한 데다 그나마도 관대한 교통경찰을 만나면 면제받을 수 있다는 것이다.

터키에서 운전하다 보면 모두들 마치 비상사태라도 발생한 것처럼 조급하게 행동한다는 인상을 받는다. 운전자들은 당장이라도 엄지손가락으로 경적을 울릴 태세로 운전대를 붙잡고 있다. 경적을 울리는 방식으로 다양한 메시지를 전달한다. 가장 흔히 사용하는 것은 갑자기 잠깐 경적을 건드려 짧은 경고음을 내는 것이다. 이는 '내가 뒤 또는 옆에 있으니 조심하라!'는 뜻이거나 '고맙다'는 표시일 수도 있다. 그리고 질타나 비난을 목적으로 길고 끈질기게 경적을 울리기도 한다. 상대방이 자신의 권리를 침해했다고 생각할 때 이런 경적을 울린다. 그런데 상대가 그 판단에 동의하지 않으면 정확히 같은 방식으로 대응해 온다. 이런 모든 경고와 비난 때문에 도로는 늘 시끄럽고 소란스럽다.

대부분 도시에서는 소달구지를 제외한 모든 형태의 탈것을 교통수단으로 이용한다. 그런데 이상하게도 자전거만큼은 좀처럼 눈에 띄지 않는다. 자전거는 아이들만을 위한 것으로 인식되며, 북적대는 도심보다 여름 휴양지에서 많이 이용한다. 최근 인구조사에서 인구가 1200만 명에 육박하는 것으로 나타난 이스탄불은 특히 대륙 간 현수교 위의 러시아워 정체로 악명 높다. 현재 보스포루스 해협에 세 번째 다리가 건설되고 있으며 해저를 통과하는 지하철이 개통되어 심각한 교통난을 어느 정도는 해소해줄 것으로 기대된다.

보행자들

터키에서는 도로를 건널 때 용기가 필요하다. 터키인들은 교통 흐름이 끊이지 않는 상황에서도 길을 건너는 기술을 체득한 것처럼 보인다. 그러나 경험이 없는 이방인은 단독으로 시도하지 말고 현지인들이 함께 건널 때만 시도할 것을 권한다. 서방인들은 특히 이스탄불에서처럼 아슬아슬한 도시 교통 상황에 좀처럼 익숙해지기 힘들 것이다. 터키 할머니와 어린아이들은 쌩쌩 지나치는 자동차들 옆에서 태연히 걷는데 외국인들은 허둥지둥 보도블록을 찾기에 바쁘다. 특히 FA컵 결승전 직후나 터키 축구팀이 해외 경기에서 승리한 날에는 터키인이건 외국인이건 마음의 평화를 위해 집에 머무는 것이 상책이다.

터키에서 길을 잃은 것 같으면 주저하지 말고 도움을 요청하자. 터키인들은 남을 돕는 것을 좋아하며, 심지어 자신의 일을 잠시 접어두고 목적지까지 데려다주기도 한다.

택시

터키의 택시 요금은 다른 나라에 비해 싼 편이다. 택시를 잡으려면 한 손을 들면 된다. 택시는 밝은 노란색이어서 알아보기 쉽다. 요금은 주행거리에 따라 부과되지만 심야에는 약간의 할증료가 붙는다. 손님을 속여 바가지를 씌우는 경우는 드물지만 택시에 타자마자 기사가 행선지를 제대로 알고 있는지 확인할 필요가 있다. 요금이 너무 많이 나왔다고 생각되거나 부당한 대우를 받았다고 생각되면 지역 경찰서(karakol)에 신고할 수 있다.

버스

택시 요금이 싼 편이긴 하지만 버스 요금은 그보다 더 싸다. 그러나 특히 출퇴근 시간에 만원버스에서 타고 내리는 것은 만만치 않은 일이다. 버스를 자주 애용한다면 정기권을 사는 편이 유리하다.

돌무쉬 Dolmuş

이것은 혼잡한 도시에서 정해진 노선을 운행하면서 노선 내의 어느 지점에서든 승객을 태우거나 내려주는 미니버스다. 일반 버스보다 편리하고 택시보다 싸기 때문에 인기가 아주 높다.

돌무쉬라는 단어는 '가득한'이라는 뜻인데, 이 미니버스의 평소 상태를 보면 아주 딱 맞는 이름임을 알 수 있다. 가끔은 돌무쉬 기사가 허용 인원수보다 많은 승객을 태워 버스를 초만원으로 만들지만 아무도 이의를 제기하지 않는다. 특히 출퇴근 시간에는 다음에 올 돌무쉬를 기다리느니 차라리 만원버스를 타는 쪽을 택한다. 교통경찰은 그렇게 관대하지 않지만 기발한 방식을 동원하면 그들 역시 무장해제 시킬 수 있다.

하산 풀루르라는 유명한 칼럼리스트가 이 미니버스에서 겪은 재미난 일화를 소개한 적이 있다. 그가 탄 돌무쉬의 운전기사는 마지막 승객이 만원버스에 간신히 비집고 들어온 뒤 멀찌감치 서있는 교통경찰을 본 모양이었다. 그는 즉시 운전석 밑에서 작은 드럼을 꺼내 뒤에 앉은 승객에게 넘겨주며 이렇게 사정했다. "승객 여러분, 부탁합니다. 결혼식 파티인 것처럼 노래 좀 불러주세요." 서로 생면부지인 승객들은 이런 부탁에 당황했으나 어쨌든 따라주었다. 한 승객이 드럼을 치는 동안 다른 승객들은 웃는 얼굴로 대중가요를 목청껏 불렀고, 예상했던 대로 교통경찰은 그들을 신랑 측 친척들로 오해하고 비록 인원은 초과했으나 천진난만한 하객들의 흥을 깨지 않기 위해 참고 넘어갔다.

돌무쉬 기사들은 동시에 여섯 가지 일을 할 수 있는 유일한 인간처럼 보인다. 승객들에게 얘기하면서 앞 유리를 닦고, 우연히 마주친 친구들에게 손을 흔들고, 요금을 받아 확인하고, 도로를 살펴 승차를 원하는 손님을 태우고, 물론 전방 주시는 기본이다.

트램 (전차)

도로 위에 깔린 레일을 따라 이동하는 지상철이다. 이스탄불 외에도 안탈리아, 코니아 등 규모가 큰 도시에서 볼 수 있다. 이스탄불 트램은 신시가지와 구시가지를 연결하고 지하철처럼 자주 운행하며 여러 관광지를 경유하기 때문에 여행자들이 특히 많이 이용한다. 요금은 시내버스와 동일하고 교통카

TÜRK
TİCARET
BANKASI
ETİBANK
AKBANK
AKBANK
AKBANK
TAMEK
YAPI KREDİ

이스탄불은 언제나 차로 사람들로 북적북적하다. 두 대륙을 잇는 현수교들은 러시아워에 정체가 대단하며 트램과 택시, 버스, 돌무쉬 등 다양한 교통수단이 오간다.

드를 이용할 수 있다. 지하철처럼 입구에서 교통카드를 찍고 내릴 때는 찍지 않는다.

메트로 (지하철)

앙카라와 이스탄불에서 지난 몇 년 동안 지하철이 부분적으로 개통되었으나 지상 교통량에는 큰 변화가 없었다. 하지만 2013년 말 보스포루스 해협 수면의 약 60미터 아래에서 유럽과 아시아 대륙을 연결하는 마르마라이Marmaray 열차가 개통됨으로써 대륙간 현수교 위의 교통난을 어느 정도 해소해줄 것으로 기대되고 있다. 지하철은 특히 여행자가 많은 이스탄불에서 교통 체증 없이 이동할 수 있는 교통수단이다. 노선이 많지는 않지만 아타튀르크 공항에서 이스탄불 구시가지로 갈 때는 반드시 이용하게 된다. 지하철 시설은 깨끗하고 이용하기도 쉽다.

페리

여행자들이 이스탄불에서 보스포루스 해협을 건너 아시아 대륙으로 갈 때 즐겨 이용하는 교통수단이다. 1시간에 2~3번씩 두 대륙 간을 이동하며 그 외에도 여행자들을 위한 다양한 페리 투어가 준비되어있다.

시외버스

시외버스는 가장 경제적인 장거리 이동 수단이다. 시외버스 회사가 많아 선택의 폭이 넓고, 어느 시외버스 터미널에 가건 각 회사 직원이 달려 나와 고객 유치를 위해 자신들의 서비스를 열심히 홍보한다. 이 때 무작정 말발 좋은 대리인을 따라

나설 것이 아니라 친구에게 미리 물어서 어느 회사가 가장 믿을 만한지 알아두는 것이 좋다. 괜찮은 버스 회사는 고급 버스와 양질의 서비스를 제공한다. 승객들은 버스에서 텔레비전을 보고 수시로 제공되는 무료 음료와 커피, 비스킷을 즐기고, 몇 시간마다 기사가 교대되기도 한다. 그중에서도 기사 교대는 특히 중요한데, 어떤 버스 회사들은 기사들을 탈진에 이를 때까지 혹사시켜 마치 '신은 위대하다Allah büyüktür', '신의 뜻대로 Allahın dedigi olur', '신의 가호가 깃들기를Maşallah' 같은 버스 현수막 문구를 증명이라도 하려는 듯 승객들의 운명을 신에게 맡기기도 한다.

대부분의 시외버스 기사들은 아라베스크 음악[8]을 좋아하고 볼륨을 최대로 높여서 음악을 듣곤 한다. 물론 같은 종류의 음악을 좋아하지 않는 승객들이 불평할 때마다 볼륨을 낮추지만 얼마 못가서 소리가 다시 조금씩 커지기 시작한다.

고속도로 상의 공중화장실은 적절한 보조금을 지원받지 못해서 기본 비품이 부족하다. 터키인들은 그런 화장실의 상태를 잘 알기 때문에 여행 시에 비누와 화장지는 물론, 손 소독을 위해 오드콜로뉴까지 챙겨간다. 또한 터키는 자물쇠가 부실하기로 유명하기 때문에 화장실 안에 갇힐 경우에 대비해 호루라기도 챙기면 유용할 것이다. 창밖 풍경 감상을 좋아하는 사람들에게, 특히 해안을 따라 달리는 시외버스 여행은 다채로운 볼거리와 즐거움을 선사할 것이다. 또한 승객들은 어떤 도시의 경계가 시작되기 몇 마일 전부터 길가에 세워진 광고판을 통해 호텔이며 레스토랑, 흥미로운 장소 등에 관한 정보를 얻을 수 있다.

승차와 하차를 원하는 사람이 있으면 시외버스는 언제 어디서든 정차한다. 다른 나라에서는 승객이 버스를 찾아야 하지만 터키에서는 버스가 승객을 찾는다.

열차

앙카라에서 이스탄불을 오가는 블루 트레인을 제외하면 터키에서 운행되는 고속열차는 없다. 그러나 열차는 가장 안전한 이동 수단이라는 장점이 있다.

터키 철도는 몇 년 전에 등급제도를 폐지했지만 고급스러운 것을 선호하는 사람이라면 식당차를 보고 깜짝 놀랄 것이다. 빳빳하게 풀 먹인 하얀 테이블보에 다양한 메뉴, 유니폼 차림의 웨이터. 여느 고급 레스토랑과 견줘도 손색없을 수준이다.

운전면허

터키에서 운전하려는 모든 외국인들은 자국에서 발급한 국제면허를 소지해야 한다. 국제면허는 최대 1년까지 이용할 수 있으며 이후에는 터키 면허를 취득해야 한다. 면허 취득을 위해 필요한 서류는 터키에 있는 자국 대사관이나 영사관에서 구할 수 있다. 또한 자동차에 관한 모든 정보를 담은 자동차 등록증과 국제 자동차 보험증인 그린카드, 그리고 중동 지역으로 가려는 사람들을 위한 무관세 통관 증명서 카르네 드 페시지carnet de passage가 있어야 한다. 터키에서는 우측통행이 원칙이고 고속도로 법규는 유럽과 비슷하다. 제한속도는 도심에서 시속 50km, 시내 외곽에서는 시속 90km이다.

주유소와 정비소

시내에는 많은 정비소가 있는데 주로 특정 거리에 모여있

터키에 자동차 가져가기

일 때문에 터키에 체류 중인 외국인이 자동차를 구입하려 할 때 가장 먼저 할 일은 자동차 번호판을 살피는 것이다. 흰색 번호판은 세금을 모두 납부했음을 뜻한다. 딜러에게 무관세로 새 차를 살 수도 있는데, 그러면 30퍼센트 정도 저렴하지만 그 차가 외국인 소유임을 표시하기 위해 파란색 번호판을 신청해야 한다.

외국 번호판을 단 본인의 차를 들여오거나 출국을 계획 중인 외국인한테서 차를 구입할 수 있다. 그러나 파란색 번호판을 달지 않는 한 그 차를 3개월마다 터키 밖으로 가져가야 한다. 아니면 다른 외국인에게서 애초에 파란 번호판이 달린 중고차를 구입할 수도 있는데, 그런 차를 찾기에 가장 좋은 곳은 일간신문의 외국인 직거래(Yabancıdan Yabancıya) 난이다.

자동차세는 1년에 두 번, 누구에게나 의무적으로 부과된다.

다. 또한 주유소와 마찬가지로 모든 도로와 주요 고속도로에 고르게 분포돼 있다. 대도시 밖에서는 신용카드를 받지 않는다. 대부분 주유소에서 무연 가솔린을 구할 수 있지만 가격은 주유소마다 다르다.

터키에는 자동차협회 같은 조직이 없다. 그래서 갑자기 차가 고장이라도 나면 다른 운전자가 근처 정비소까지 태워주기를 기다리거나 견인 업체에 전화해 도움을 요청해야 한다.

통신

우체국

터키에서 우체국은 PTT(터키 우편 전화 전신국)라고 표시된 노란색 간판 때문에 쉽게 알아볼 수 있다. 자국 우체국에서 사탕이며 초콜릿이며 인형, 포장지 따위를 구입하는 데 익숙한 일부 유럽인들에게는 생소하게 느껴질지 모르지만 터키 우체국은 오직 우편과 전화, 전신, 팩스와 관련한 업무만 처리한다. 그러므로 우체국에서는 우표와 공중전화 토큰, 공중전화 카드를 구입하거나 편지를 부치거나 전화를 걸거나 전보를 보내거나 팩스를 송수신하거나 전화 개통 신청을 하거나 전화요금을 내는 일 정도만 할 수 있다.

터키에 사는 외국인들은 항공우편이 아닌 일반우편으로 소포를 받는 편이 유리하다. 유럽에 속한 이스탄불 지역에서는 모든 항공 우편물이 톱카프에 있는 중앙 우편물 보관소로 보내지는데, 여기서 소포를 회수하는 과정이 참으로 길고 복잡하다. 몇 시간의 대기 시간과 여러 차례의 서명 끝에 마침내 소포를 움켜쥐고 우체국을 나올 때쯤이면 발송인이 애초에 소포를 보내지 않았으면 얼마나 고마웠을까 하는 생각마저 들 정도다.

공중전화

공중전화는 신용카드(비자, 마스터카드, 아멕스)나 전화카드로 이용할 수 있으며, 전화카드는 우체국과 가판대, 일부 신문 판매소에서 구입할 수 있다.

시외전화를 걸 때는 지역번호를 먼저 누른 다음 전화번호를 눌러야 한다. 국제전화의 경우는 '0'을 두 번 누르고 국가번호와 지역번호, 전화번호 순으로 눌러야 한다.

1986년 이전까지만 해도 집에 전화를 개통하는 일은 특별한 연줄이 없는 한 무한한 인내심을 요구하는 기나긴 과정이었다. PTT의 기존 자원으로 수요를 감당하지 못했기 때문에 어떤 경우는 신청에서 개통까지 1~2년은 족히 걸리기도 했다. 다행히 1980년대 후반에 전화 시스템의 현대화로 상황이 많이 달라졌다. 이제 사람들은 전화선 연결을 위해 몇 달씩 기다릴 필요가 없으며 2~3주면 족하다. 전화 개통을 희망하는 사람은 지역 PTT에 연락하면 된다.

휴대전화

터키에서는 가끔 불통이 되긴 하지만 그래도 휴대전화가 잘 되는 편이다. 로밍 서비스로 전화를 걸면 요금이 아주 비싸지만 문자 메시지는 훨씬 싸다.

터키인들은 휴대전화를 제프 텔레포누cep telefonu라고 부르는데 '주머니 전화'라는 뜻이다. 도시 거주자들 대부분은 휴대전화를 한 대쯤 가지고 있으며 두 대 이상 소유한 사람들도 있다. 일반 전화로도 터키인들은 큰 소리로 말하는 경향이다. 통화할 때 전화선에서 지지직 소리가 나던 시절부터 이어져온 습관이다. 휴대전화 열풍은 안 그래도 왁자지껄한 지중해의 분위기를 한층 심화시켰으며 일상생활에도 지장을 가져왔다. 대중교통과 공공장소에서 어떤 이들이 휴대전화에 대고 정신없이 떠드는 동안, 옆에 있는 사람들은 그들에게 조용히 하라고 더 크게 떠든다. 아내가 온종일 전화기를 붙들고 있느라 일상적인 일을 하지 않는다는 이유로 휴대전화 사용을 금한 남편의 이야기가 대중매체에서 다뤄진 적도 있다. 한 자유분방한 여성 칼럼리스트는 이렇게 썼다. "로맨틱한 저녁 식사 중에 계속 전화를 받느라 바쁜 남자와는 두 번 다시 데이트를 하지 않을 것이다. 더없이 굴욕적인 일이잖은가!"

인터넷

터키에 있는 호텔들은 대부분 공용 공간에서 ADSL 무선

인터넷을 추가 비용 없이 제공하거나 침실에서 개인용 노트북을 사용할 수 있는 시설을 제공한다.

인터넷 카페는 10~15세 연령층에게 아주 인기가 높아서 아나톨리아의 작은 마을에서도 찾아볼 수 있다.

6

터키 음식 즐기기

요리를 그저 단순한 음식으로 치부하지 말라.
요리는 신성하며 그 자체로 하나의 문명이다.

– 압둘하크 쉬나시

먹거리

음식에 관한 한 터키인들은 매우 독창적인 사람들이다. 삼면이 바다로 둘러싸인 나라이면서도, 다양한 멸치(함시) 요리로 유명한 흑해 지역을 제외하면 생선은 터키에서 독보적인 인기를 누리지 못한다. 대부분 지역에서는 채소와 고기, 밥과 빵이 요리의 주재료다. 특히 터키인들은 야채로 기적 같은 요리를 만들어내는데, 가지를 요리하는 방법이 무려 50가지나 있다고 한다. 요리는 재료 하나하나를 썰고 다지고 감싸고 채워야 하는 무척이나 시간소모적인 작업이지만 아무도 요리에 들어가는 시간을 걱정하지 않는 것 같다. 매사에 서두르는 법 없이 여유로운 사고방식이 먹는 일에도 적용된다. 터키인들은 살기 위해 먹는 것이 아니라 먹기 위해 산다고들 말한다.

과일과 채소

터키에는 과일과 채소가 풍부하고 그 종류도 다양하다. 농산물이 워낙 풍부하다보니, 터키인들은 손이 커서 뭐든지 킬로그램 단위나 심지어 박스 단위로 사기도 한다. 야채 가게에서 오이 한 개나 바나나 한 개를 달라고 하면 가게 주인이 황당한 눈으로 쳐다볼 것이다. 오이 얘기가 나왔으니 말인데 오이 크기에 대해 알아야 할 것이 있다. 터키산 오이는 다른 지중해 국가들의 오이에 비해 더 작지만 더 맛있다. 가지와 고추도 마찬가지다. 반면에 토마토와 수박, 파슬리, 복숭아는 굉장히 크다. 특히 부르사 지역의 복숭아는 꼭 맛봐야 한다. 양쪽을 잡고 살짝 누르기만 하면 복숭아가 손에서 절반으로 쪼개지며, 실하고 맛좋고 즙이 풍부한 과육이 드러난다. 때로는 테니스공으로 쓰는 편이 더 나을 법한 유럽의 복숭아와는 차원이 다르다.

여름에는 다양한 과일과 채소가 대량으로 생산되지만 기나긴 겨울 동안은 이 모든 것이 허락되지 않는다. 그래서 과일은 마멀레이드와 잼으로 만들어 저장한다. 그중에 특히 주목할 것은 장미 잼과 무화과 잼, 모렐로체리 잼이다. 채소는 피클을 만들거나 줄에 걸어서 햇볕에 말렸다가 겨우내 먹는다. 아나톨리아 대초원을 여행하다 보면, 자칫 따분해 보일 수 있는 농촌 마을에서 집집마다 발코니에 널려있는 빨간 고추가 햇빛에 반짝이는 그림 같은 풍경이 눈길을 사로잡는다.

올리브 오일로 요리한 채소는 차갑게 먹지만 고기와 함께 꼬치에 끼운 채소는 뜨겁게 먹는다. 찬 채소 요리와 샐러드와 피클, 그리고 요구르트나 다른 재료로 만든 각종 소스들…….
터키는 그야말로 채식주의자들의 낙원이다.

돌마 Dolma

돌마라고 하는 속을 채운 채소 요리는 터키 요리에서 중요한 부분을 차지한다. 가지, 호박, 홍고추, 청고추, 토마토, 포도잎사귀, 양배추 잎 등, 돌돌 말거나 속을 채울 수 있는 채소는 모두 돌마의 재료가 된다. 또한 이런 채소들은 터키에서 요리하는 사람이면 누구나 애용하는 식재료다.

이 야채말이 요리는 경험이 부족한 초보 요리사에게는 쉽지 않은 도전이지만 시간을 들여 연습하면 차차 솜씨도 늘고 속도도 빨라진다. 어떤 사람들은 한 손으로 잎채소에 속을 채우는 신공을 발휘하기도 한다. 물론 그런 마법 같은 손재주가 누구에게나 있는 것은 아니고, 누구나 그런 현란한 달인의 경지에 도달할 만큼 인내심을 가진 것도 아니다.

요즘같이 여성들이 집안일부터 직장 업무, 육아에서 노인 부양까지 온갖 역할을 해야 하는 시대에는 그저 기본적인 돌마 조리법을 안다는 것만으로도 남자들의 관심을 사로잡기에 충분하다. 홀리 체이스는 『터키 태피스트리』에서 자신이 터키에 온 첫날 그런 경험을 했다고 썼다.

"이후 열두 시간 동안, 나는 우익신문 스포츠 기자로 일하는 탈리안이라는 중년 남자의 손에 이끌려 구식 데소토 택시를 타고 시내를 누비고 다녔다. 우선, 그가 추천해준 아주 소박한 호텔을 숙소로 잡았다. 그런 다음 그는 저녁식사를 하자며 나를 보스포루스의 고급 레스토랑으로 데려갔다. 내가 아무 생각 없이 포도잎말이를 만들 줄 안다고 말하자 그는 곧바로 내게 청혼했다."

채소로 만든 몇 가지 흥미로운 찬 음식

- 이맘 바이을드(Imam bayıldı): 가지에 토마토, 양파, 잣을 넣어 올리브유로 요리한 음식
- 제이티냘르 비베르 돌마스(Zeytinyağlı biber dolması): 쌀로 속을 채운 피망
- 뮈즈베르(Mücver): 호박 완자
- 카르느야륵(Karnıyarık): 배를 갈라 속을 채운 가지
- 필라키(Pilaki): 흰콩과 토마토를 올리브 오일로 요리한 음식
- 제이티냘르 프라사(Zeytinyağlı pırasa): 쌀, 당근, 파를 올리브 오일로 요리한 음식

대표적인 요리

다양한 요리 덕분에 터키는 미식가들의 낙원이 되었다. 다음의 요리들은 터키에서 먹을 수 있는 많은 진미들 중 극히 일부일 뿐이지만 터키로의 맛 기행을 시작하기에 적절한 출발점이 될 것이다.

- 뵈렉 Börek

얇은 패스트리로 만든 뵈렉은 터키에 가면 꼭 맛봐야 할 음식 중 하나다. 뵈렉을 만드는 두 가지 방법이 있는데, 오븐 팬 위에 패스트리를 겹겹이 쌓은 뒤 겹마다 강판에 간 치즈와 계란, 파슬리 또는 다진 소고기, 다진 양파와 파슬리를 끼워 넣어 굽거나, 아니면 베트남 춘권처럼 패스트리 조각에 속 재료를 넣고 돌돌 말아 하나씩 튀기는 것이다. 모양은 뵈렉이 춘권보다 가늘고 길쭉하다. 그래서 '시가라 뵈레이 sigara böreği', 즉 담배 패스트리라고도 부르는데 사실 일반 담배보다는 처칠의 시가에 다 가깝다. 뵈렉을 준비하는 또 다른 방법은 인도의 사모사와 비슷하게 삼각형이 되도록 돌돌 마는 것이다. 이 때 유프카 yufka 라고 부르는 특별한 패스트리를 사용하는데, 파스타하네 pastahane 라고 불리는 케이크 가게나 프른 fırın 이라고 불리는 제과점에서 구할 수 있다.

- 되네르 케밥 Dönner Kebab

문자 그대로 번역하면 '회전 케밥'이다. 터키인들이 타국으로 이민을 가서도 늘 함께 하는 음식으로, 요즘은 유럽에서 극동아시아, 호주에서 캐나다에 이르기까지 세계 여러 지역에서 케밥 가게를 찾을 수 있다. 양념해서 재워둔 양고기나 다진 고기를 일자 쇠꼬챙이에 끼워 불 옆에서 천천히 돌리며 굽는다. 고기가 익으면 큰 칼로 얇게 썰어 피타 빵이나 밥 위에 얹은 뒤 고명과 토마토를 곁들여낸다. 고기와 샐러드를 피타 빵에 끼워서 먹는 방식은 다른 패스트푸드와 견줘도 손색이 없을 만큼 전 세계적으로 인기를 누리고 있다.

- 쾨프테 Köfte

지방이 거의 없는 얇게 다진 고기를 다진 양파와 파슬리, 계란, 갖은 양념과 함께 반죽해 여러 가지 모양으로 빚어낸다. 어떤 것은 작고 둥글고 어떤 것은 타원형인가 하면 또 어떤 것은 납작하다. 주로 굽거나 튀기거나 조려 먹는다.

- 필라브 Pilav

필라브는 쌀이나 빻은 밀, 버미첼리에 물과 버터를 듬뿍 넣어 조리한 것이다. 완성된 음식을 보면 끈끈한 덩어리 형태가 아니라 낱알 하나하나가 살아있는 볶음밥 같은 형태다.

흥미로운 곁들임 음식 몇 가지

- 파틀르잔 살라타스(Patlıcan salatası): 훈연 가지 샐러드
- 치이 쾨프테(Çiğ köfte): 생고기 완자
- 피야즈(Piyaz): 흰콩 샐러드
- 아르나붓 지에리(Arnavut ciğeri): 튀긴 간
- 후무스(Humus): 으깬 병아리콩
- 자즉(Cacık): 요구르트에 오이를 넣은 것
- 크스르(Kısır): 빻은 밀에 파슬리, 파, 민트 잎을 넣은 샐러드
- 체르케즈 타부이우(Çerkez tavuiğu): 체르케스 식 닭고기 냉채
- 파틀르잔 크자르트마스(Patlıcan kızartması): 튀긴 가지에 토마토마늘 소스를 뿌린 음식

© Lepneva Irina

터키 전통 쉐프들이 케밥을 리하고 있다.

단독으로 제공하기도 하고 야채나 고기를 더해서 내기도 한다. 오스만 시절에는 그 자체로 주식이었으나 시대가 변하면서 지금은 고기 요리 등에 곁들임 음식으로 부차적 역할을 하고 있다.

빵

'국민 음식' 하면 사람들은 영국의 피시 앤 칩스, 스페인의 빠에야, 인도의 카레, 멕시코의 칠리 콘 카르네를 떠올린다. 그러나 터키의 국민 음식을 되네르 케밥이라고 생각한다면 그것은 착각이다. 물론 케밥은 모든 터키인이 좋아하는 음식이지만 고기 값이 비싸서 많은 사람들이 쉽게 접할 수 없으며, 그런 이들은 그저 오이피클을 반찬 삼아 구운 콩과 밥을 먹는 것으로 만족한다. 아니면 빵에 커드치즈나 올리브, 양파 등을 곁들여 먹는다. 게다가 터키에는 스튜 요리가 많은데, 접시에 남

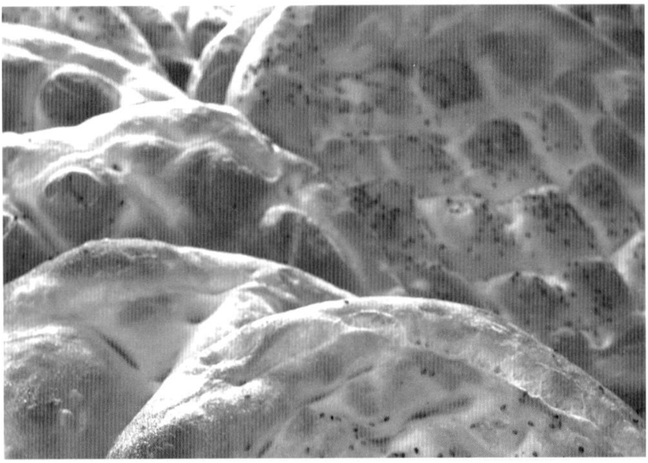

터키인의 주식은 밥보다 빵이다. 빵을 먹다가 흘리면 주워서 키스를 한 후 이마에 갖다 댄다.

은 스튜 국물에 작은 빵조각을 적셔 먹으면 차려진 음식 중 가장 영양가 있는 부분을 낭비하지 않을 수 있다.

터키인들이 즐겨 먹는 빵을 에크멕Ekmek이라 부른다. 4인 가족 기준 하루 평균 빵 소비량은 두세 덩어리 정도다. 빵이 얼마나 중요한 식품이었으면 1994년 시의원 선거에서는 친 이슬람 성향의 복지당이 빵 값 인하를 약속함으로써 세속주의 공화국의 수도 앙카라에서 당선되는 일까지 있었다.

빵은 거의 신성한 지위를 누리고 있다. 아이들은 빵을 다 먹을 때까지 식탁을 떠나지 못하도록 교육받으며, 남은 빵은 쓰레기통에 버리지 않고 가난한 이웃들에게 나눠준다. 누군가 실수로 빵을 땅에 떨어뜨리기라도 하면 주워서 경의의 표시로 빵에 키스한 뒤 이마에 갖다 대는 것이 관례다.

터키인들은 다른 문화권 음식에 별 어려움 없이 적응하는 편이지만 빵만큼은 예외다. 그 때문에 독일에서 일하는 터키 노동자들은 항상 불만이었는데, 그러던 중 한 영리한 남자가

우리나라에서처럼 남자들이 의무적으로 군대에 가는 터키는 애국심이 남다르기로 유명하며 국기를 매우 신성하게 여긴다. 뒤편의 건축물은 '블루 모스크'라 불리는 술탄 아흐메드 사원.

인구 1200만 명이 사는 이스탄불에서
도 가장 많은 사람이 몰리는 탁심 광장.

'회전 케밥'이라는 뜻의 되뇌르 케밥

케밥을 먹는 가장 흔한 방법

'터키시 딜라이트'라 불리는 젤리과자

야채말이 음식인 돌마

카르느야록(속을 채운 가지 요리)과 필라브

시가라 뵈레이'라고 부르는 시가 모양의 패스트리 롤

시럽을 잔뜩 뿌려서 만드는 디저트, 바클라바

타우루스 산맥 북쪽의 고원지대에 있는 카파도키아. '요정의 굴뚝'이라 불리는 기암괴석들과 함께 천연 동굴이 많아 과거에 기독교인들이 은신처이자 기도처로 즐겨 사용했다. 지금은 동굴 탐사 및 열기구 관광으로 인기 있는 여행 명소가 되었다.

터키만의 독특한 패턴으로 디자인된 도자기 접시들, 터키 여행객들이 좋아하는 기념품목 중 하나다.

터키식 빵을 만드는 제과점을 열어 백만장자가 되었다.

과자와 스낵

전통적인 터키 과자는 정말 달다. 가장 인기 있는 바클라바는 버터와 견과류를 넣은 얇은 패스트리에 시럽을 듬뿍 뿌려 만든다. 자체적으로 함유한 설탕만으로는 충분치 않다는 듯, 어떤 과자는 맨 위에 크림까지 듬뿍 얹어서 낸다. 칼로리를 계산해가며 음식을 먹는 사람들에게는 절대 금물인 음식이다.

스낵류 중에 크스르는 빻은 밀에 토마토와 파슬리, 민트, 파, 매운 파프리카를 섞어 만든 일종의 냉채인데, 맛과 영양 면에서 특별히 언급할 가치가 있는 음식이다. 피클을 만드는 것 역시 터키인들의 주특기로, 호두에서 각종 채소에 이르기까지 다양한 재료로 피클을 만든다.

파스타하네라고 불리는 케이크 가게에서는 아름답고 달콤한 케이크와 짭짤하고 치즈향이 물씬 풍기는 비스킷, 심지어

흥미로운 후식 몇 가지

- 카다이으프(Kadayıf): 벨벳을 뜻하는 아랍 단어에서 온 이름. 피스타치오 열매와 응고된 크림을 채운 달콤한 뵈렉
- 바클라바(Baklava): 한 겹 한 겹 얇게 벗겨지는 달콤한 패스트리
- 툴룸바 타틀르스(Tulumba tatlısı): 세로로 홈을 새긴 튀김 과자
- 타북 괴쉬(Tavuk göğsü): 닭가슴살 푸딩
- 뷜뷜 유바스(Bülbül yuvası): '나이팅게일 둥지.' 둥근 모양의 달콤한 패스트리
- 쉬틀라츠(Sütlaç): 쌀로 만든 푸딩
- 아슈레(Aşure): 시리얼과 레귬, 말린 과일로 만든 전통적인 푸딩
- 하늠 괴베(Hanım göbeğ): '숙녀의 배꼽.' 여체를 연상시키는 이름을 가진 과자류 중 하나로, 튀긴 패스트리 링에 시럽을 듬뿍 뿌린 것

매콤한 맛 비스킷까지 만날 수 있다. 그중에서도 바통 살레라는 프랑스식 비스킷은 꼭 맛봐야 할 진미다.

마실 거리

맥주와 와인이 있고 가격도 저렴하지만 반주로 가장 인기 있는 알코올음료는 아니스 씨로 만든 라크raki[9]다. 평소에는 물처럼 생긴 투명 액체이지만 물을 섞는 즉시 우유처럼 색이 하얗게 변하는데, 주로 전채요리에 곁들여 천천히 마신다. 라크는 특이한 맛을 좋아하는 사람들에게 안성맞춤인 음료로, 다음날 숙취가 없는 것이 특징이다. 그러나 마시는 즉시 올라오는 술기운 때문에 조심할 필요가 있다. 터키인들은 이렇게들 말한다. "라크는 몸속에 들어가면 술병에 있을 때처럼 얌전하지 않아." 오죽하면 '사자의 젖'이라는 별명이 붙었을까!

무알코올음료 중에는 아이란이 인기 있다. 아이란은 요구르트를 물로 희석해 얼음 조각을 띄워 차갑게 먹는 음료로 특히 무더운 여름에 마시기 좋다.

물

터키 레스토랑에서 식사를 하면 유명한 샘에서 받아온 물이 기본으로 제공된다. 술을 더 좋아한다면 따로 주문해야 한다. 터키인들은 미각이 발달해서 물맛을 구별할 수 있다.

수돗물은 마시기에 안전하지 않다. 식수는 다양한 크기의 플라스틱 통에 담겨 판매되는데 뚜껑을 열기가 쉽지 않다. 좀 더 경제적인 방법은 수주sucu라고 불리는 물장수에게 물을 배달시켜 먹는 것이다. 물장수는 일주일에 한 번 대형 물통을 배달해주고 빈 물통을 회수해 간다. 거리 곳곳에 갑자기 생겨나는 급수장을 보면 이스탄불에서 신선한 물 공급의 중요성이 날로 커지고 있다는 것을 알 수 있다. 급수장에서는 주유소에서처럼 펌프를 이용해 물통에 물을 담아가고 리터 단위로 요금을 낸다.

터키를 여행하다 보면 길가에 샘이 유독 많은 것을 느낄 수 있다. 이 샘들에서 계속 뿜어져 나오는 물을 보고 있으면, 작열하는 태양의 공격에 노출된 땅에서 그렇게 시원한 물이 분출된다는 사실이 신기하고 놀랍게 느껴진다. 이런 샘물은 마셔도 위험하지 않다. 그것은 목마른 여행자들에게 대자연이 주는 선물이다.

집에 방문한 손님이 마실 물을 청하면 빳빳하게 풀 먹인 예쁜 자수 컵받침에 물 잔을 받쳐서 내온다. 손님이 물 잔을 가져가 마시는 동안 안주인은 받침을 손에 들고 기다린다. 이런 관습에 익숙하지 않은 사람은 사레가 들리도록 허겁지겁 물을 마시지만 그러면 손님 접대를 위해 공손한 자세를 취하고 있는 주인에게 오히려 실례가 된다.

차와 커피

많은 사람들이 세계적으로 유명한 터키 커피가 터키에서 생산된 것이라고 생각하지만 사실은 그렇지 않다. 커피는 대부분 라틴아메리카에서 수입한다. 반면, 터키가 차를 생산하는 나라라는 것을 아는 사람은 많지 않은데(북동 지역에서 생산) 터키 차가 외국에는 잘 알려져있지 않기 때문이다.

차는 꽃병처럼 생긴 작고 투명한 유리잔에 마시며 우유를 넣지 않는다. 그 대신 컵받침 위에 레몬 한 조각과 각설탕 두

길에서 전통 차림을 하고
커피를 파는 소녀들

개를 함께 낸다. 잔이 워낙 작아서 보통 너덧 잔씩 마신다. 더 이상 마시지 않겠다는 의사를 표시하려면 찻잔 위에 숟가락을 올려놓는다.

커피는 분쇄한 원두 가루 그대로 손잡이가 긴 특별한 주전자에 넣고 끓여서 유럽에서 쓰는 것보다 훨씬 작은 도자기 잔에 따라 마신다. 커피에 설탕도 함께 넣어 끓이기 때문에 커피를 끓이기 전에 설탕을 넣을 것인지 말 것인지를 묻는다. 설탕을 넣으면 셰케를리şekerli, 넣지 않으면 사데sade라고 말한다.

혀끝에서 느껴지는 감촉은 인스턴트보다 훨씬 강하고 여과기로 추출한 커피보다도 강하다. 커피를 다 마시고 나면 찌꺼기가 잔 바닥에 가라앉는데 이것을 받침 위에 엎으면 예상치 못한 재밋거리를 준다. 누군가 한 명은 꼭 컵 안에 만들어진 문양을 보고 점을 쳐줄 것이기 때문이다. 터키인들이 이 문양을 나름대로 해석해내는 속도는 가히 놀라울 정도다.

정찬 예법

터키 가정에서는 식탁용 깔개를 애용하지 않는다. 식탁에는 풀 먹인 흰색 레이스 또는 자수 천이 덮여있고 그 위에 테이블보와 세트를 이루는 냅킨이 놓인다. 어떤 테이블보는 워낙 예쁘고 귀해서(오스만 제국 시절부터 엄마에게서 딸로 대대손손 대물림한 물건) 행여 그 위에 음식물이라도 흘릴까봐 노심초사하게 되는 경우도 있다.

일반적으로 테이블 좌석은 이성과 어울리기 힘들도록 배치되는데, 특히 기혼자들의 경우는 그렇다. 주로 부부가 나란히 앉고, 간혹 떨어져 앉는 경우에도 식탁 한쪽에 아내들이 일렬로 앉고 반대편에 남편들이 앉는 식이다. 후자와 같은 좌석배치는 그런 방식을 행하는 사람들조차 '하렘 스타일'이라며 비웃곤 하지만 그럼에도 색다른 화제를 이끌어내기 위한 수단으로 종종 이용된다.

집주인이나 안주인이 "아피예트 올순Afiyet olsun('건강을 기원하며'라는 뜻이지만 '맛있게 드십시오' 정도의 의미)"이라고 말하면 모두들 식사를 시작한다. 마찬가지로 집주인 부부가 라크나 와인을 한 모금 마셔서 신호를 보내면 모두 "세레피니제serefinize(명예를 위하여)"라고 말하며 함께 건배한다. 대부분 나라에서는 '건강을 위하여'를 외치며 술을 마시는데 터키인들은 명예를 위해 술을 마신다는 점이 흥미롭다. 터키인들이 얼마나 이름과 명예를 중시하는지를 보여주는 좋은 예다. 음식을 차린 안주인에게는 감사의 표시로 "엘리니제 살륵Elinize sağlık('당신의 손에 축복이 있기를'이라는 뜻이지만 '맛있게 먹었습니다' 정도의 의미)"이라고 말하는 것이 예의다.

좀 더 전통적인 가정의 안주인은 자리에 앉지 않고 모든 사람의 식사 시중을 든다. 손님 입장에서는 여간 불편한 일이 아니지만 안주인에게 자리에 앉아 함께 식사하자고 아무리 권유해도 소용없는 일이다. 자신이 시중을 들지 않으면 안주인 역할을 제대로 하지 못하는 것이라고 생각하기 때문이다.

작은 접시에 담긴 메제meze라고 하는 다양한 터키식 전채음식을 맛보고 나면 이어서 본식이 나온다. 본식은 주로 고기나 가금류와 샐러드, 밥이나 마카로니, 패스트리 같은 식사로 이루어진다. 두 번째 코스로는 어김없이 올리브 오일로 조리한 한두 가지 채소 냉채 또는 뵈렉이 나온다. 다음은 과자류, 그리고 이어서 계절과일이 나온다. 치즈는 메제에 속한다고 생각하기 때문에 후식으로 내지 않는다.

이만큼 먹고 나면 더 이상 먹고 싶은 마음이 남아있지 않을 것이다. 그러나 설사 더 먹을 여력이 된다 해도 처음에는 '노'라고 사양하는 것이 관례다. 그렇다면 안주인이 진짜 거절의 의미인지 아닌지를 어떻게 알까? 정말로 더 이상 먹지 않을 생각이라면, 손님은 아주 단호하게 의사를 표하고 빈 접시를 가져가 다시 음식을 채워오지 못하도록 테이블 위에서 접시를 두고 약간의 실랑이를 벌여야 한다.

식사가 끝났으면 나이프 끝을 오른쪽, 포크 끝을 왼쪽에 오게 하여 접시 가운데 엇갈리게 놓는다.

멀리 있는 음식을 집기 위해 식탁 위에서 손을 뻗어도 실례가 되지 않는다. 음식이 팔 닿는 거리에 있다면 굳이 남에게 집어달라고 부탁할 필요가 없다. 심지어 의자에서 일어나 식탁 건너편의 음식을 집는 것도 허용된다.

식사 중에 담배를 피우는 것에 대한 사회적 금기도 없다. 터키에서 식사는 매우 장시간 이루어지므로 흡연자들 대부분이 흡연 욕구를 참기 힘들어한다. 한편, 터키 하면 떠오르는 물담배는 사실 거의 사라지다시피 해서 요즘은 골동품 상점이나 관광객을 상대로 한 기념품 판매점에나 가야 볼 수 있다.

식당들

터키에는 각종 요리를 취급하는 다양한 식당이 있으므로 어느 식당을 선택하느냐는 무엇을 먹고 싶은지, 예산은 어느 정도인지에 달려있다. 물론 어느 도시에나 훌륭한 식당들이 많지만 양과 질 모두에서 이스탄불을 능가한다고 자부할 만한 도시는 많지 않을 것이다. 내 경험으로 이스탄불에서 가볼 만한 레스토랑들을 몇 곳 추천해보겠다.

우선 유럽 요리 애호가들을 위한 갈라타 타워 레스토랑과 터키 음식으로 유명한 에미뇌뉴의 판델리Pandelli, 오르타쾨이의 페리예 로칸타스Lokantası, 카리예 사원 옆에 있는 정통 오스만 음식 전문점 오스마느 무트파그Osmanı Mutfagı, 갈라타사라이에 있는 러시아 음식 전문점 레잔스Rejans 등은 언급할 가치가 있는 식당들이다. 베요글루에 있는 하즈 압둘라흐Hacı Abdullah 역시 터키 요리로 유명하며 내부에 전시된 각종 피클과 잼, 마멀레이드가 담긴 다양한 항아리들을 구경하는 재미도 있다.

그리스식 선술집을 좋아하는 사람이라면 다양한 양질의 와인과 맛있는 안주를 제공하는 갈라타사라이의 파노Pano 와인 바 분위기를 좋아할 것이다. 이스탄불 힐튼 호텔에는 드래곤이라는 상호가 붙은 괜찮은 중국음식점이 있으며, 비잔틴 장식을 선호하는 사람이라면 사르느츠Sarnıç에 가볼 것을 권한다.

요리 전문가들은 베벡에 있는 베벡 발르크츠스Bebek Balıkçısı를 최고의 생선 요리 식당으로, 그리고 레벤트에 있는 쾨셰바슈Köşebaşı를 최고의 케밥 식당으로 추천한다.

보통의 경우 식당 밖에 가격을 게시하지 않아서 터키인들은 대부분 추천이나 사전 경험, 또는 입구 외관을 보고 식당을 결정한다. 일반적으로 입구가 지나치게 화려한 식당은 가격이 비쌀 가능성이 높은 데다 음식의 질이 보장되지도 않는다.

7

터키의 문화예술

문화는 수 세기에 걸쳐 인간을 노예 상태에서 해방시켜준
모든 형태의 예술과 사랑과 사상의 총합체다.

– 앙드레 말로

전형적인 터키 거리

터키의 거리는 활기가 넘친다. 그곳에서 펼쳐지는 소소하지만 때로는 흥분되고 때로는 놀라운 장면들 하나하나가 합쳐져 터키에 고유한 특성을 부여한다.

이른 아침에는 지독한 먼지를 막기 위해 커버를 씌운 메르세데스 벤츠 최신 모델들이 도로 양옆에 즐비하게 주차돼 있고, 이런 차들로 인해 골목길처럼 좁아진 도로를 신선한 과일과 야채를 가득 실은 말 수레가 어렵사리 통과한다. 건물들도 어지럽게 뒤섞여있다. 오래전에 회반죽이 벗겨져 다 허물어져가는 집들이 있는가 하면, 깔끔하게 유지된 초호화 현대식 고층 아파트 건물도 있다. 어떤 건물은 근처 사원의 첨탑보다도 높다.

상점 앞에는 점원들이 손에 묵주를 든 채 의자에 앉아 손님을 기다리고, 머리에 커다란 리본을 단 어린 소녀들이 마치 새로 피어난 하얀 백합꽃 같은 모습으로 팔짱을 낀 채 점원들 앞을 바삐 지나쳐간다. 사내아이들은 지나가면서 잔가지를 하나씩 꺾어 몇 미터 밖에 있는 쓰레기통에 던져버린다. 하얀 칼라에 파란 교복을 입은 아이들이 학교 운동장에서 전문 조각가의 솜씨가 아닌 미술 교사의 작품인 듯한 아르튀르크 청동 흉상 앞에 모여 국가를 부르는 동안, 참깨를 뿌린 바삭한 고리모양의 빵 시미트치를 파는 소년은 하루 중 가장 바쁘게 장사를 한다. 소년의 빡빡 깎은 머리가 이른 아침 햇살 속에 반짝인다.

커다란 장바구니를 손에 든 아파트 관리인들이 사가야 할 물건을 잊지 않으려고 서로를 본체만체 지나쳐 서둘러 구멍가게로 들어간다. 길모퉁이에서는 구두닦이 소년이 구두를 닦는 동안 한 남자가 신문을 훑어본다. 커피숍에서 일하는 청년이 놋쇠 쟁반 위에서 짤랑거리는 찻잔을 다양한 상점의 점원들에게 배달한다.

사람들이 택시와 자가용, 미니버스, 버스를 서둘러 타거나 내리고 차들은 서로 먼저 가려고 저마다 경적을 울려댄다. 노점상과 군인, 거지와 하릴없이 배회하는 은퇴한 중년 남자, 길 잃은 고양이와 개들까지 모두 때가 되면 거리에 나타난다. 온갖 종류의 라디오 음악으로 대기가 들썩인다.

뒤 베란다에서 빨래를 널던 여인이 위층에 사는 이웃에게 빵 부스러기가 떨어지니 식탁보를 털지 말라고 소리친 뒤, 그래도 윗집 여자가 카펫을 털던 중이 아니어서 천만다행이라고 안도한다. 꼭대기 층에서는 통 넓은 바지를 입은 가사도우미가 창틀을 밟고 바깥쪽 창문을 닦아서 구경꾼들의 심장을 쪼그라뜨린다. 그런가 하면 어떤 여인은 밧줄로 묶은 바구니를 끌어올려 빵을 꺼낸 뒤 바구니를 다시 땅에 내린다.

오후가 되면 아이들이 술래잡기며 사방차기며 축구 따위를 하며 뛰어놀고 거리마다 한두 곳쯤은 있는 건설 현장에 쌓인 모래 더미와 목재, 벽돌 주위를 팔짝팔짝 뛰어다닌다. 유한마담들은 하이힐 굽이 보도블록 사이에 끼어 망가질세라 조심하며 서둘러 카드놀이를 하러 간다. 발코니에서 목욕 가운을 입은 남자가 관리인을 소리쳐 불러 왜 갑자기 수돗물이 끊겼는지 확인해달라고 말한다. 현수막과 깃발을 매단 선거운동 차

터키의 전형적인 주택가 풍경. 좁은 골목길에 차도 다니고 손수레도 다니고
아이들도 길고양이도 자유롭게 돌아다닌다.

가 요란한 음악과 함께 창문으로 전단지를 아낌없이 뿌리며 지나간다. 한 남자가 자동차에서 뛰어내려 이미 각종 광고지가 겹겹이 붙어있는 버려진 건물 벽에 벽보를 붙인다.

산더미 같은 등짐을 짊어진 짐꾼이 청과물점 앞에서 짐을 풀어놓고 몇 푼 안 되는 돈을 받기 위해 기다린다. 그리고 돈을 받자마자 신에 대한 감사의 표시로 지폐에 입을 맞춘 뒤 눈썹에 갖다 댄다. 트럭 운전사가 길 한복판에 차를 세우고 다방으로 들어가서는 그 뒤로 늘어선 차들과 운전자들의 분노는 까맣게 잊은 채 주사위 놀이에 빠진다.

음식을 만드는 냄새가 매연 냄새를 압도하는 시간이 되면, 귀가하던 남편이 길가에서 물건을 쌓아놓고 파는 노점상에게 수박 한 덩이를 산다. 겨울에는 보통 저녁 아홉 시쯤이면 한산해지는 거리가 여름이면 저녁 늦게 다시 활기를 찾는다. 젊은이들은 길모퉁이에 모여 입고 있는 옷을 뽐낸다. 나이키와 아디다스, 리바이스, 랭글러, 베네통 같은 브랜드가 유행이다. 머리를 히잡으로 감싼 수수한 여인들이 문가 계단에 앉아 이야기를 나누고 청년들은 떼 지어 하릴없이 걸어 다닌다. 청년들이 까먹은 해바라기 씨앗 껍질이 긴 꼬리처럼 그들의 뒤를 따라다닌다. 일시적 정전을 개탄하는 텔레비전 광들의 볼멘 목소리가 열린 발코니 창문을 통해 마치 마술지휘봉의 지휘를 받는 오케스트라처럼 일제히 터져 나온다.

자정이 지나면 인적이 뜸해져 여름에는 귀뚜라미의 끊임없는 울음소리, 겨울에는 개짓는 소리만 이따금 들릴 뿐이다.

예술

터키인들의 예술적 취향에는 중앙아시아의 유산과 비잔틴 제국의 영향, 그리고 서방으로 이주한 후 받아들인 이슬람교의 영향이 혼재돼 있다. 여기에 19세기 말의 문학에서 볼 수 있듯 지난 200년간 유럽 세계에 편입하려는 노력과 서구 예술 사조를 따르려는 경향도 결합되었다. 구체적인 형식에 따라 비중은 다르지만 모든 예술에 이런 요소들이 접목해있는 것을 볼 수 있다.

연극

모든 아시아권 문화에서 그러하듯, 터키의 전통 연극은 음악과 춤, 연기, 곡예가 포함된 종합예술이다. 연극의 목적은 관객에게 웃음이나 관능적인 즐거움을 주는 것이다. 그림자 인형극도 그렇고 '터키 판 코메디아 델라르테'라고 할 수 있는 즉흥 촌극 오르타오유누ortaoyunu도 마찬가지다. 코메디아 델라르테는 르네상스 시대에 유행한 즉흥 가면극을 일컫는데, 이런 식의 독특한 극 형태는 다른 이슬람 국가에서는 찾아볼 수 없다. 19세기 터키 극예술에 서양 사상이 침투하기 시작하면서 이탈리아의 칸토와 프랑스의 샹소네트 또한 확고하게 자리 잡았는데, 터키 사람들이 여배우가 노래하고 춤추고 노랫말에 따라 몸동작을 하는 것을 좋아했기 때문이다. 이후에는 고전 연극에 대한 관심이 높아져 관객들은 소포클래스에서부터 스트린드베리, 셰익스피어에서 피란델로, 몰리에르부터 고리키에 이르기까지 다양한 연극들로 갈증을 채웠다. 그러나 가장 인기 있는 극 형태는 하나의 이야기 속에 음악과 춤, 촌극이 결합된 카바레다.

영화

터키에서 처음 영화가 제작된 1914년 이래로, 터키 영화산업은 건전한 성장률을 보이지 못했다. 하필이면 초창기에 1, 2차 세계대전과 뒤이은 경제 위기까지 닥친 탓이다. 터키의 할리우드라고 할 수 있는 예실참Yesilçam의 전성기는 1950년대와 1960년대였다. 이 시기에 만들어진 영화 대다수가 예를 들어 부유한 아가씨가 가난한 남자와 결혼하는 식의 빤한 현실도피적인 내용이었음에도 영화관으로 꾸준한 인파가 몰려들었다. 이 시기에 가장 기억할 만한 특징은 사람들이 해바라기 씨앗이 담긴 봉지를 가져와 동시상영 영화를 보며 더운 여름밤을 보내던 야외극장이었다. 이후 영화 제작자들은 지적인 관객층에 호소하는 영화에 치중함으로써 충실한 대중을 소외시키는 결과를 낳았다.

1970년대에 이르러 영화산업은 그야말로 설상가상의 상황에 직면했고 1980년대에는 급기야 죽어가는 환자를 살리기 위해 정부가 미국 제작사의 터키 진출을 허용했다. 미국 제작사가 영화만 들여오는 게 아니라 스튜디오까지 들여와 터키 영화산업에 신선한 아이디어와 실무 경험, 경제적 소득을 제공할 것이라는 기대가 있었다. 그런데 오히려 거대 제작사들이 들어와 배급망을 독점하는 사태가 벌어졌다. 그 결과 오늘날 워너브라더스와 UPI, 스탠다드 등이 의뢰한 영화 광고가 터키 신문을 도배하고 있다. 이 제작사들은 죽어가는 터키 영화산업을 구명할 스튜디오를 만들기는커녕 세금조차 내지 않고 모든 수익을 터키 밖으로 빼가고 있다. 1989년에 영화관에서 상영된 222편의 영화 중 210편이 외국 제작사가 만든 것이었다.

오늘날 터키 영화산업의 구명줄은 민영 텔레비전 채널이 던진 밧줄이다. 물론 장기적인 생존 여부는 미국인들보다 영화를 잘 만드는 터키 제작자의 등장에 달려있다는 것을 모두들 알지만 그런 제작자를 기다리는 것은 그야말로 '고도'를 기다리는 것과 다름없다. 그럼에도 지난 몇 년간 터키계 젊은 영화인들이 영화 부문에서 국제적인 찬사를 받고 있다는 점을 언급해야 할 것 같다. 이탈리아에서 활동 중인 페르잔 외즈페텍은 전형적인 터키식 주제로 영화를 만들기 시작해서(1999년 「하렘의 밤Harem Suare」, 1997년 「터키 목욕탕The Turkish Bath」) 보편적인 주제의 영화로까지 영역을 넓혔다(2003년 「반대편 창문Window Opposite」, 2005년 「쿠오레 사크로Cuore Sacro」). 그는 2003년 이탈리아 골든글로브 시상식에서 「반대편 창문」으로 최고 영화상과 최고 감독상을 비롯해 다수의 상을 수상했으며, 현재 가장 유명한 이탈리아 영화감독 중 한 명이다.

독일에서 활동 중인 젊은 터키 영화감독 파티흐 아킨 또한

2004년에 터키-독일 합작 영화 「미치고 싶을 때Head On」로 베를린 영화제에서 황금곰상을 수상했다. 터키 본국의 감독들 중에는 누리 빌제 제일란이 「우작Uzak」으로 2004년 칸 국제영화제에서 특별상을 수상했다. 지금까지 달성한 성공을 볼 때 터키 영화의 전도유망한 미래를 기대해봐도 좋을 것 같다.

춤

터키 하면 떠오르는 춤이 벨리댄스밖에 없다면 자, 놀랄 준비들 하시라! 일단 벨리댄스는 터키에서 유래한 춤도 중동에서 유래한 춤도 아닌 스페인 춤이며, 15세기 후반 스페인에서 터키로 이주해온 유대인을 통해 전파되었다. 신을 위해 춤춘다는 '소용돌이치는 탁발수도승'이라는 뜻의 훨링 더비쉬에 대해 들어보셨는가? 세계에서 가장 큰 야회 디스코장이 에게 해 해안의 휴양지 보드룸에 있다는 사실을 아셨는가? 앙카라에 국립음악연극학교 소속의 발레 학교가 있으며 1947년에

춤의 힘

이스탄불의 한 어학원에서 영어를 가르치는 영국인 친구가 들려준 이야기가 있다. 그는 흑해에 있는 작은 휴양지로의 여행을 계획하고 120여 명의 학생들을 실어다줄 고속버스를 빌렸다. 그러나 불행히도 날씨 운이 따라주지 않았다. 5월이었는데도 온종일 때 아닌 호우가 쏟아졌던 것이다. 그럼에도 학생들은 여행 기간 내내 고속버스에서 춤을 추며 멋진 시간을 보냈다. 사실 다른 나라에서 같으면 궂은 날씨 때문에 흥이 다 깨졌을 텐데 터키인들에게는 날씨가 전혀 중요하지 않아 보였다. 하기야 음악이 있으면 됐지, 왜 꼭 태양까지 있어야 하겠는가? 이처럼 조금이라도 즐길 기회가 주어지면 터키인들의 마음속 요정이 뛰쳐나오고, 일단 탈출한 요정은 어떤 종교적 힘으로도 다시 호리병 속에 집어넣을 수 없다.

제1기 학생들이 유명한 안무가이자 영국왕립발레단의 창시자인 니네트 드 발루아 여사의 지도를 받았다는 사실을 아셨는가? 이렇듯 터키 땅에는 많은 춤이 존재하며 대부분 벨리댄스와는 거의 무관하다.

사교춤

이슬람교는 음악과 춤을 금기시한다. 그러나 오늘날 터키 도시 지역에 가보면 춤과 노래의 측면에서 종교적으로 억압된 나라의 면모는 전혀 찾을 수 없다.

신성한 춤

지금의 터키로 이주하기 전 중앙아시아에 살던 시절에 터키인들은 춤을 초자연적 상태에 이르는 수단으로 여기는 샤머니즘을 믿었다. 이슬람교로 개종한 이후, 이슬람교가 춤과의 전쟁을 벌이고 있는 와중에도 계속 춤의 전통을 이어갔고 다만 춤에 부여하는 의미만 달라졌다. 춤은 신성한 의미를 부여받아 신과 만나는 희열을 상징하는 움직임이 된 것이다. 여기에서 다양한 탁발수도승 교단이 탄생하는데, 그중 하나가 메블레비 교단이다.

메블레비 탁발수도승 또는 소용돌이치는 탁발수도승이라고 불리는 사람들은 13세기에 위대한 시인이자 신비주의자인 메블라나 젤라레딘 루미가 교단을 처음 설립했던 코니아에서 여전히 의식을 행하고 있다. 이들은 관광객과 관심 있는 터키인들을 위해 1년에 한 번 강당에서 공연을 펼친다.

그들이 춤추는 모습은 행성계와 비슷하다. 신과의 영적 사랑과 소통의 환희 속에서 신비주의적인 음악에 맞춰 몇 시간

1년에 한 번 코니아 지역의 메블라나 축
'소용돌이치는 탁발수도승'의 춤을 볼 수

씩 궤도를 빙글빙글 도는 것이다. 그렇게 돌면서 한쪽 팔은 위를 가리키는 반면 다른 한 팔은 아래를 가리킨다. 이는 한 손으로는 신에게 이르고 다른 손으로는 신에게 받은 사랑을 땅에 전하는 것을 의미한다. 그들은 기다란 원뿔형 모자를 쓰고 하얀 예복을 입는다. 탁발수도승이 흰 예복 자락을 우아하게 휘날리며 몇 시간 동안 쉬지 않고 빙글빙글 도는 모습은 무척이나 인상적이다.

포크댄스

과거에 춤에 대한 이슬람교의 금욕주의적 태도가 도시 사람들에게는 영향을 미쳤을지 모르지만 시골 부락민에게는 영향을 거의 미치지 못했다. 그들은 여전히 고유한 민족적 특성과 함께 춤추는 문화를 유지했다. 그것이 가능했던 주된 이유는 부락들이 수 세기 동안 다른 세상과 단절돼 있어서 정통 이슬람교도들이 주도하는 도시 교육의 손쉬운 먹잇감이 되지 않았기 때문이다. 그들은 출생과 할례, 결혼, 제대, 출옥 등과 같은 다양한 상황에서 거의 항상 혼자 춤추지 않고 집단으로 춤춘다. 또한 명절이나 축제, 세시풍속, 예식과 관련된 춤들도 있다.

부락들이 서로 고립되어 있는 탓에 딱히 전형적인 터키의 전통 춤이라고 말할 만한 것은 없으며 지역마다 다른 지역과는 다른 고유한 포크댄스가 존재한다. 터키 서부는 제이백 단스zeybek dansı가 특징이다. 마치 땅의 상태를 확인하려는 듯 사람들이 원을 그리며 천천히 돌다가 한쪽 무릎을 땅에 살짝 대는 춤이다. 처음에는 팔을 옆구리 근처에 두었다가 나중에는 어깨 높이로 올리며 동시에 손가락을 튕긴다. 남자들만 추는 엄숙한 춤이기도 하다.

할라이 단스Halay dansı는 아나톨리아 남동부에서 추는 춤이다. 사람들이 일렬로, 또는 반원형으로 서서 서로의 손이나 어깨를 붙잡는다. 한 명이 지도자 역할을 맡아 스텝을 조절해 자신이 선택한 방향으로 무리를 이끈다. 아나톨리아 중부에서 나온 춤 중에는 숟가락 춤이라고 하는 카쉬크 오유누kaşik oyunu도 있다. 사람들이 나무 숟가락을 양 손에 두 개씩 쥐고 마치 스페인 사람들이 캐스터네츠를 연주하듯 숟가락을 부딪쳐 딱딱 소리를 낸다.

호론 단스Horon dansı는 터키 북부와 흑해 연안에서 유래한 춤이다. 이 춤은 빠르고 긴장된 움직임들과 마치 물에서 나오는 물고기처럼 전신을 부르르 떠는 동작으로 이루어진다. 이 지역 거주자들이 대부분 어부나 선원이기 때문에 참으로 적절한 동작이라 하겠다.

가장 낭만적인 포크댄스는 터키 남부의 차이다 츠라 단스çayda çıra dansı다. '들판에서 불 밝히는 사람들의 춤'이라는 뜻을 가진 이 춤은 여자들만 추는 춤으로, 모두 쟁반 위의 촛불을 들고 춤을 춘다. 주로 결혼식 전날 신부의 집에서 신부의 앞날을 축복하기 위해 춘다.

음악

18세기의 여행가 아론 힐은 이렇게 썼다. "누구든 터키 땅을 여행하다 보면 반나절도 못 돼서 수염을 길게 기른 준엄한 이슬람교도가 커다란 참나무나 사이프러스 나무 아래 다리를 꼬고 앉아 단조로운 기타 가락을 튕기며 자기만족에 빠져 구슬픈 노래를 읊조리는 모습을 보게 된다. 그동안 그의 불쌍한 말은 좀 더 실질적인 만족을 찾아 들판에서 풀을 뜯고 있다."

그 구슬픈 노래를 누구나 좋아하는 것은 아니지만 터키 음악의 진가를 알아보는 사람들도 적지 않다. 예를 들어 헝가리 작곡가 벨라 바르토크는 터키 민속음악이 자신이 아는 어떤 음악보다 풍요로운 음악이라고 밝혔다. 풍요롭지만 익명성 속에 묻혀있는 음악. 터키 음유시인들은 수세기 동안 길쭉한 손잡이가 달린 3현 악기 사즈saz 하나만 들고 이곳저곳 방랑하며 우연히 만난 관중들 앞에서 즉흥적으로 만든 노래를 불렀다.

음악의 종류

터키 고전 음악은 정해진 규칙에 따라 만들어진 지적이고 의식적인 음악의 유형으로, 주로 오스만 제국 시대에 궁전과 대도시에서 듣던 것이다. 당시 사용했던 악기 중에 우드ud라는 것이 있다. 십자군이 돌아갈 때 이 악기를 가져가면서 '루드'라고 불렀고 이것이 다시 루트가 되었다. 그러니까 루트는 다이븐이라고 불리는 소파 침대와 튤립[10], 체리, 앙고라 울과 아울러 터키의 유산인 것이다.

터키 젊은이들은 대부분 터키 대중음악을 듣는데, 분위기는 동양적이지만 템포와 사용하는 악기는 유럽적이다. 특히 여름에는 시장에서건 식당에서건 버스에서건 이스탄불의 여객선 안에서건, 테이프에 녹음된 중저음의 여자 목소리가 사방에서 울려 퍼진다. 겨울에는 젊은 운전자가 터키 대중음악을 쿵쿵 울리며 지나갈 때마다 도로 아스팔트가 진동한다.

오스만 시절 친위보병 예니체리가 연주하던 메흐테르 음악은 과거의 영광을 기념하는 용도로만 명맥을 유지하고 있다. 특수 수레에 장착한 대형 드럼을 포함해 66개의 악기로 구성된 메흐테르 군악대는 행진하는 터키군의 선두에서 사기를 북돋고 적군에게 두려움을 불러일으켰다.

한번은 영국에서 어학을 공부하는 학생들이 점심을 먹으며 동양 음악과 서양 음악 중 어떤 것이 더 좋은지를 두고 갑론을박을 벌이는 어리석은 광경을 본 적이 있다. 국적을 알 수 없지만 편협하게 유럽적 관점만을 고집하던 한 학생이 터키 학생에게 말했다. "우리에겐 하이든과 모차르트, 베토벤 등이 있어. 너희에겐 누가 있지?" 터키 학생은 상대 학생이 언급한 명망 있는 음악가들에 필적할 마땅한 이름을 찾지 못해 당황한 눈치였다. 아마도 그는 가장 훌륭한 터키 음악가는 익명의 음유시인이라는 사실과 터키 메흐테르 음악이 하이든의 「군대 교향곡」과 모차르트의 「터키행진곡」과 「터키 바이올린 협주곡」, 「후궁탈출」, 그리고 베토벤의 「9번 교향곡」에 영향을 줄 만큼 훌륭한 음악이었다는 사실을 몰랐거나 기억해내지 못한 것 같다.

건축

중앙아시아에서 터키인들은 돔형 텐트나 햇볕에 말린 벽돌 주거지에서 생활했다. 그들은 아나톨리아로 이주해서도 이런 건축적 취향을 유지했다. 우선 셀주크 시대에 건물들은 화려함보다는 실용성을 중시해 지어졌다. 견고하고 소박한 외관이 내부의 아름다움을 감추고 보여주지 않는다. 이 시기에 실크로드에는 벽돌로 지은 여행자 숙소가 군데군데 있었는데, 이 건물들은 오늘날 고대 행상들의 발자취를 따라 여행하는 이들에게 흥미로운 흔적을 제공한다.

쉴레이마니예 사원의 내부. 돔형
사원의 건축미를 느낄 수 있다.

오스만 시대에 이르러 터키 건축은 내적으로나 외적으로 좀 더 미학적인 특성을 띠기 시작한다. 인상적인 궁전과 사원, 영묘, 메드레세(이슬람 신학교), 목욕탕, 지붕 덮인 시장, 분수대가 눈에 띈다. 다부진 셀주크 양식은 가늘고 곡선이 가미된 복잡한 오스만 양식 외형으로 대체되었고 밖에서도 건물 내부의 모습을 엿볼 수 있었다.

이슬람 사원

최초의 돔형 사원, 최초의 타일 첨탑, 문양이 새겨진 최초의 대리석 벽감, 최초의 오스만 스타일 영묘와 메드레세, 그리고 최초의 T자형 건물이 모두 이즈니크[11]에 모여 있다. 이즈니크는 오스만 제국 최초의 수도이기도 했다. 시간이 흐르면서 여러 개의 돔과 첨탑으로 이루어진 사원들이 지어졌다. 두 개였던 돔은 네 개, 일곱 개가 되었고, 1404년 에디르네에 세워진 올드 모스크는 돔이 무려 아홉 개였다. 이런 사원 건축 양식은 위대한 터키 황제, 술탄 술레이만 시대에 절정을 이룬다. 위대한 건축가 시난은 이스탄불에 무려 13개의 돔(주요 돔 1개, 절반 크기의 돔 2개, 작은 돔 10개)과 4개의 첨탑으로 이루어진 쉴레이마니예 사원을 지었는데, 이 사원은 모든 이슬람교 영토에서 가장 우아한 사원으로 평가받고 있다. 한편 이스탄불에 있는 술탄 아흐메드 사원(일명 '블루 모스크')은 전 세계를 통틀어 첨탑이 여섯 개인 유일한 사원이다.

근대 건축

18세기에는 유럽의 영향이 지배적이어서 바로크와 로코코 양식이 시도되었다. 이 시기를 '튤립시대'라고도 부르는데, 당

아야소피아 성당에 그려진 벽화. 이스탄불에 남아있는 대표적인
초기 비잔틴 건축물로, 기독교 문화의 잔재를 확인할 수 있다.

시에 튤립을 상징으로 삼아 궁전이나 모스크의 타일 장식을 비롯한 각종 장식에 주된 모티브로 사용했다.

공화국 수립 이후 오스만 양식은 모더니즘에 자리를 내주었고, 고전적 걸작들이 하늘을 배경으로 이루어낸 아름다운 윤곽선을 뚫고 특색 없는 신식 건물들이 높이 솟아오르기 시작했다. 다행히 민족 유산을 보존하려는 국민적 노력이 뒤따라서 이제 옛 건물들을 복원해 호텔이나 레스토랑, 박물관 등으로 활용하는 경우를 심심찮게 볼 수 있다.

밤 문화

터키인들은 형편이 허락하는 한 밤 문화를 즐긴다. 대도시에는 술집과 선술집이 많은데, 전자의 경우는 엉뚱한 장소에서 황당한 꼴을 당하지 않기 위해 조심할 필요가 있다. 우선

'우연한' 만남을 경계해야 하고, 아무리 순박해 보이는 사람과도 함께 술집에 들어가지 않는 것이 상책이다. 세상 물정에 밝은 관광객들도 거기에 속아서 가진 돈을 몽땅 털리는 경우가 수두룩하다.

어떤 나이트클럽은 터키 음악만 틀고 어떤 나이트클럽은 서양 음악을 틀지만 두 가지 음악을 함께 틀어주는 곳도 있다. 주로 관광지에 있는 나이트클럽에서는 벨리댄스 쇼를 공연하기도 하는데, 이런 종류의 쇼를 경험한 적이 없는 남성이라면 각오들 단단히 하시라. 댄서에게 이끌려 무대 위로 올라가서 그녀의 주문에 따라 춤동작을 어설프게 흉내 내다가 웃음거리가 될 수 있으니 말이다.

어떤 업소의 경우 남자들끼리 가면 환영받지 못하며, 특히 '가족 전용' 업소인 경우는 아예 입구에서 출입을 거부당할 수도 있다. 그렇다고 기혼자만 입장 가능한 것은 아니고 안에 들어가서 다른 여성에게 기웃거리지 않도록 여성 파트너를 동반하고 와야 한다는 뜻이다.

스포츠

터키인들은 스포츠를 사랑하고 스포츠 경기의 오랜 전통을 가지고 있다. 많은 고대 스포츠가 지금까지 전해져 인기를 누리고 있으며, 새로 도입된 스포츠 종목들도 있다. 터키의 문화는 새로운 것에 수용적인 편이어서 밖에서 도입된 스포츠 역시 인기가 있으며 그중에서도 축구는 터키인들의 열렬한 사랑을 받고 있다.

터키인들이 즐기는 크르크프나르 레슬링 대회의 한 장면.
온몸에 오일을 바르고 경기하는 것이 특징이다.

레슬링

레슬링은 국민 스포츠로 인정받고 있으며 전국 각지에서 여름 내내 레슬링 대회가 열린다. 그중 가장 유명한 대회는 터키 북서부 에디르네에서 열리는 크르크프나르Kırkpınar(오일 레슬링) 대회로, 전국 각지에서 모인 선수들이 '올해의 레슬링 선수' 자리를 놓고 대결을 펼친다. 이 대회는 터키의 스포츠 일정에서 아주 중요한 위치를 차지한다. 선수들은 온몸에 오일을 발라야 하는데, 몸을 미끄럽게 만들어서 보는 즐거움을 배가시키기 위해서다.

마상 경기

오스만 사람들에게 말은 기동성을 좌우하는 가장 소중한 재산이었다. 요즘도 사람들은 누군가 남들보다 먼저 일을 끝마치면 "말 탄 놈이 벌써 위스퀴다르(이스탄불에 있는 지역)에 도착했어."라고 말하는데, 이 말의 의미는 바로 이미 늦었으니 괜한 고생 말라는 것이다. 시골에서 말은 여전히 중요하며, 상대적으로 재산이 적은 사람이 소유한 당나귀와 마찬가지로 소중한 존재다. 그런데 어쩐 일인지 터키인들에게는 스포츠 경기로 말을 타는 전통은 없다. 유일한 마상 경기는 지리트cirit로, 말을 타며 상대에게 긴 작대기를 던져 말에서 떨어뜨리는 경기다. 지리트는 이 때 던지는 작대기에서 유래한 이름이다.

축구

오늘날 축구는 터키에서 가장 인기 있는 관람 스포츠이며, 정식 축구 도박을 통해 스포츠 시설에 많은 자원을 제공하고 있는 스포츠이기도 하다. 1898년 이즈미르에서 영국 상인들이 처음 축구를 한 것이 터키 축구의 효시였던 것을 생각하면 불과 1세기 만에 축구가 모든 터키인들을 그토록 매료시킨 것이 놀라운 따름이다. 아나톨리아의 축구 클럽들은 유명 감독과 선수들의 이적을 위해 외국 클럽에 막대한 돈을 지불하고 있다. 그 돈의 절반이면 지역 경기장을 올림픽 경기장 수준으로 끌어올릴 수 있는데도 여기에 이의를 제기하는 사람은 없다.

청결의 개념

터키 가정에서 위생은 무엇보다 중요하다. 이 때문에 텔레비전 광고의 상당 부분은 각종 청결제가 차지하고 있다. 터키처럼 아무리 창문을 꽁꽁 닫아도 실내로 먼지가 침투하는 나라에서 청결을 중시하는 것은 당연할지도 모른다. 그럼에도 들어보면 좀 심하다 싶은 이야기들도 있다. 예를 들어 외출했다가 돌아온 남편이 깨끗한 새 옷으로 갈아입기 전까지 집안으로 절대 들이지 않는다는 아내의 이야기나 장작을 벽난로 옆에 들여오기 전에 물로 꼭 씻어 말린다는 여자의 이야기도 있다. 물론 이런 얘기들은 뉴스에나 나옴직한 극단적인 경우일 것이다. 주부들이 마룻바닥을 빡빡 문질러 닦고 흰 빨래는 일단 한번 삶은 뒤에 세탁기에 넣고 무엇이건 씻을 때 꼭 흐르는 물에 헹구는 정도가 보통의 경우라고 할 수 있다. 터키에는 빨래방이 거의 없는데 터키인들은 남들의 옷을 빤 세탁기로 빨래하는 것을 극도로 꺼리기 때문이다.

언젠가 한 친구가 중요한 지역 선거를 앞두고 이스탄불의 탁심 광장에서 목격한 황당한 광경에 대해 얘기해준 적이 있다. 어떤 주요 정당이 가두 행진을 벌이던 중이었다. 정당 지도자는 호화롭게 장식한 버스에 타있고 관악대가 선두에서 수행단을 이끌었다. 관악대가 한참 행진하고 있는데 갑자기 버스가 멈추더니 운전기사와 조수가 뛰어내려 걸레로 버스 양옆을 열심히 닦았다. 관악대는 벌써 저만치 앞서가고 있는데 운전기사는 기껏 자리에 돌아와서는 더럽지도 않은 앞 유리를 미친 듯이 닦아댔고 그동안 조수는 기사가 놓친 희미한 얼룩을 열심히 손가락으로 가리켰다. 물론 그 정당은 선거에서 승리하지 못했다.

터키인들은 청결에 관해 약간의 강박증을 갖고 있지만 남의 물건에 대해서는 별로 그렇지도 않은 것 같다. 발코니에서 테이블보에 붙은 빵부스러기를 털어 아랫집에 피해를 주는 주부의 얘기도 종종 들을 수 있다. 한번은 우리 차 앞에 있던 자동차에서 누군가 창밖으로 비닐봉지를 버리는 바람에 내용물이 도로 위에 쏟아지고 봉지가 우리 차의 앞 유리에 달라붙어 시야를 가린 적도 있었다.

터키 목욕탕

여자들이 집에 갇혀 살다시피 했던 오스만 시절에 여자들끼리만 갈 수 있는 유일한 장소는 목욕탕이었다. 그러니 당시에 목욕탕이 사교의 장소가 된 것도, 목욕탕에 갈 때마다 여자들이 최대한 오래 머물고 싶어 한 것도 이해할 만하다. 일단 목욕탕에 가면 여자들은 온종일 탕 안에 머물렀고 점심시간에만 잠깐 나와 도시락을 먹었다. 여자들은 목욕탕에서 잡담을 나누고 몸을 씻고 마사지를 하고 향수를 뿌렸으며, 미혼인 아들을 둔 아낙들은 며느릿감을 찾기도 했다. 목욕탕은 특정 시간에 남자들에게도 개방되었다. 남자들도 목욕탕을 애용했으나 여자들처럼 사교 목적으로 찾지는 않았다.

오늘날도 대중목욕탕은 성업 중이며 그 이유를 궁금하게 여기는 사람들도 있을 것이다. 분명 사교적인 이유는 아니다. 지금은 여성들끼리의 외출이 더 이상 금기시 되지 않는 데다 공공장소에서 여자들이 만나는 것에 대한 제약도 없어져서 여자들이 출입하지 못하는 곳이라고는 이발소와 남자 화장실뿐일 정도니 말이다. 또한 요즘은 도시의 가정에 대부분 욕실이 딸

터키식 마사지

목욕탕 한쪽에는 널찍한 대리석 평상이 있는데 그 위에서 안마사들이 밀가루 반죽 주무르듯 사람 몸을 다룬다. 그들에게 "다하 차북(daha çabuk)"이라고 말하는 실수를 범하지 마시라. 그랬다가는 쓰디쓴 후회를 하게 될 것이다. 이 말은 '빨리'라는 뜻으로 택시 기사에게 속도를 높여달라고 재촉할 때나 쓰는 말이다. 이 상황에서 해야 하는 말은 '살살'을 뜻하는 "다하 야바스(daha yavas)" 또는 '그만'을 뜻하는 "뤼트펜 두르(lütfen dur)"이다. 특이한 마사지 형태로, 안마사가 문자 그대로 밟아주기도 한다. 좀 무시무시하게 들리지만 실제로 밟혀보면 정말로 몸이 개운해지고 상쾌한 기분이 든다.

려있으므로 개인 위생의 욕구를 충족시키려는 것도 아닐 것이다. 그렇다면 과연 사람들이 대중목욕탕을 찾는 이유는 무엇일까? 사실 그 답은 대중목욕탕을 나서는 사람들의 충혈된 눈과 진분홍색 피부에 있다.

터키 목욕탕은 보통 돔형 천정이 있는 정사각형이나 직사각형 공간으로 4면의 벽을 따라 작은 세면대가 붙어있다. 손님들은 세면대를 혼자 쓰거나 여럿이서 사용할 수 있다. 시설 전체가 대리석으로 되어 있어서 넘쳐흐른 비눗물에 미끄러질 수 있기 때문에 날른nalın이라고 하는 나막신을 신는다. 중앙에는 물이 순환하며 따뜻하게 유지되는 커다란 공동 욕조가 있다. 세면대에 달린 수도꼭지에서도 더운 물이 나온다. 세면대에서 온수와 냉수를 적당한 온도로 섞어 타스tas라고 부르는 바가지로 퍼서 몸에 끼얹는다. 목욕탕에 들어가자마자 드는 처음 생각은 수증기가 자욱하다는 것이다. 대부분의 목욕탕에는 인공조명이 많지 않으며 돔형 지붕의 유리창을 통해 햇빛이 들어온다.

사람들은 벌거벗은 몸으로 들어가는 게 아니라 페스테말pestemal이라고 하는 천으로 몸을 가린다. 또한 사람들은 개인 세면도구를 챙겨간다. 터키 목욕탕에서 쓰는 가장 일반적인 비누는 슈퍼마켓이나 약국에서 파는 향 비누가 아니라 하얀색이나 초록색의 투박한 덩어리이다. 특이한 냄새 때문에 좋아하는 사람이 많지 않지만, 사실 이 비누는 피부에도 두발에도 좋다고 알려진 올리브 오일로 만들어졌으며 '고급' 향 비누 제조업체들이 깨알 같은 글씨로 표시한 미심쩍은 화학성분이 들어있지 않다.

일행이 있는 사람들은 때수건으로 서로의 등을 밀어준다.

이것이 바로 터키 목욕탕의 가장 큰 매력이다. 뜨거운 김이 땀구멍을 열어 피부에 붙은 노폐물과 때를 닦아낼 수 있다. 혼자 온 손님의 경우, 종업원이 약간의 돈을 받고 똑같은 서비스를 해주기도 한다. 때를 완전히 벗겨냈으면 때수건은 이제 제 역할을 다한 것이다. 이제 마지막으로 몸을 비누로 닦고 충혈된 눈과 진분홍색 얼굴로 목욕탕을 나설 때다.

대중매체

여느 나라에서와 마찬가지로 대중매체는 터키인의 삶에 상당한 영향을 미친다. 터키에서는 별다른 제약 없이 다양한 대중매체를 쉽게 접할 수 있다. 방송과 인쇄 매체 모두 꽤 믿을 만한 정보 공급원이며 언어 실력을 향상시키는 이상적인 방법이기도 하다.

텔레비전

터키에는 TRT1에서 TRT5까지 5개의 국영 TV 채널을 제외하고도 10개가 넘는 민영 TV 채널이 있다. 이 채널에서는 대부분 더빙한 외화와 자체 제작한 오락 프로그램 및 토론 프로그램을 방송한다. TRT2에서는 매일 밤 9시 30분에 영어와 불어, 독일어로 뉴스와 날씨를 방송한다.

텔레비전은 터키 가정에서 중요한 부분을 차지하고 있다. 이것을 현대적 삶의 부정적인 측면이라고 주장하는 사람들도 있지만, 터키에 새로 정착하려는 사람들에게 텔레비전은 유용한 국내외 정보를 제공해주는 데다 제2의 고향의 언어와 풍습을 익힐 수 있게 해주는 고마운 존재다.

라디오

대부분 가정에 텔레비전이 있지만 라디오의 인기도 수그러들지 않았다. 최근까지만 해도 민영 라디오 방송국은 불법이었다. 정부가 불법 방송국을 폐쇄했을 때 엄청난 대중적 반발이 있었다. 모두들 옷깃에 검은 리본을 달았고 자동차 안테나마다 검은색 천을 매달았다. 시민들의 저항이 워낙 진지하고 멈출 조짐을 보이지 않자 정부는 결국 라디오 방송국을 합법화하는 법을 통과시켰다. 이후 전국 각지에서 지역 라디오 방송국이 우후죽순처럼 생겨났고 마지막 집계 당시 총 5000개 이상의 라디오 방송국이 있었다.

터키 라디오에서는 클래식 음악과 재즈, 미국과 유럽의 팝 음악과 터키 음악을 다양하게 즐길 수 있다.

신문과 잡지

전반적으로 터키 신문은 색채가 풍부하고 논평이 많으며 국가적 차원의 정치 · 사회 · 경제 기사들을 많이 싣는다. 진지한 성향의 신문 한두 개를 제외하면 대부분은 선정적인 사진들로 가득하다. 판매부수가 가장 높은 신문은 「사바흐Sabah」와 「휘리예트Hürriyet」, 「밀리예트Milliyet」, 「줌후리예트Cumhuriyet」이다.

종교적인 성향의 신문들도 있는데 그중 구독자가 가장 많은 신문은 「튀르키예Türkiye」이다. 신문마다 특정 정당을 지지하고, 사람들은 그런 신문을 정치적 성향에 따라 선택해서 본다. 영자 신문은 앙카라에서 발행되는 「데일리뉴스」가 유일한데 그나마 대도시 지역을 제외하면 거의 유통되지 않는다.

양질의 잡지들도 있다. 가장 인기 있는 잡지는 「악튀엘」과 「템포」이며, 경제 문제에 관심 있는 이들은 「에코노미스트」와

「카피탈」을 선호한다. 영어 잡지들 중 가장 매력적인 것은 「코르누코피아 매거진Cornucopia Magazine」으로, 터키와 터키 문화에 관한 흥미로운 기사들을 싣는다.

축제와 국경일

종교 휴일은 이슬람력을 따르기 때문에 매년 날짜가 달라진다. 터키에서 중요한 종교휴일 중에 셰케르 바이람Şeker Bayramı과 쿠르반 바이람Kurban Bayramı이 있다. '설탕 축일'이라는 뜻을 가진 셰케르 바이람은 이슬람교의 금식 기도의 달인 라마단 직후에 시작해서 3일간 이어지며, '희생의 축일'이라는 뜻을 가진 쿠르반 바이람은 셰케르 바이람 이후 70일 되는 날에 시작해 4일간 지속한다. 두 휴일 모두 전통 명절로, 사람들은 아이들에게 새 옷을 사주고 가난한 사람들을 돕고 가족과 친지의 집을 찾아가 인사한다.

이슬람교인이 많은 터키에는 크리스마스가 없다. 학교는 6월 중순부터 9월 초까지 방학이며, 2월에도 겨울방학이라는 이름으로 2주간 쉰다.

전국 각지에서 많은 영화, 음악, 연극 축제가 열린다. 그중에 외국인들에게 가장 흥미로울 만한 축제는 이즈미르 주의 셀추크에서 열리는 낙타 레슬링 대회다. 스페인에 투우가 있다면 터키에는 낙타 레슬링이 있다. 이 축제는 낙타의 짝짓기 철인 1월에 열린다. 수컷들이 본능에 따라 암컷을 차지하기 위해 서로를 쓰러뜨리는 것이다. 낙타가 서로를 들이받고 어깨를 밀치는 모습은 마치 일본의 스모 경기를 연상시킨다. 낙타는 주로 상대를 물어서 상처를 입히는데 경기 중에는 재갈을 물리기 때문에 심각한 부상이 발생하는 경우는 드물다. 승리한 낙타의 주인에게는 터키 카펫을 상으로 준다.

축제

1월 낙타 레슬링 축제
4~5월 앙카라 국제 음악제
5~6월 이스탄불 국제 연극제
7월 크르크프나르 레슬링 대회
10월 안탈리아 국제 황금오렌지 영화제
4월 이스탄불 국제 영화제
5월 앙카라 국제 만화제
6~7월 이스탄불 국제 음악제
7월 이스탄불 국제 재즈 페스티벌
12월 17일 메블라나 축제

공휴일

터키의 공휴일은 태양력을 따르기 때문에 매년 날짜가 같다.

1월 1일: 설날
3월 21일: 네브루즈
4월 23일: 국가 주권과 어린이의 날
5월 18일: 아타튀르크 기념일 / 청소년 체육의 날
9월 30일: 승리의 날
10월 29일: 공화국 수립일
11월 10일: 아타튀르크 기일

터키인들은 크리스마스를 따로 기념하지 않지만 이스탄불과 앙카라에는 12월 중순부터 관광호텔 로비와 쇼핑센터를 중심으로 트리 장식이 등장한다. 신년 전야는 중요한 날이다. 대다수 사람들이 집에서 가족 친지와 함께 보내지만 자정 무렵에는 젊은이들이 밖으로 나와 사람들과 어울려 불꽃놀이를 관람한다.
과거에 '페르시아 설날'이라고 불렀던 날은 이제 네브루즈(Nevruz)라는 이름의 국경일이 되었다. 이 날 사람들은 모닥불 주위에서 껑충껑충 뛰고 터키 남동부에서 유래한 할라이 춤을 춘다.
어린이날에는 전국에서 선발된 아이들이 수도에 모여 차세대 국가지도자의 역할로 모의국회에 참여한다.
공화국 수립일에는 각종 공식 행사와 군대 행사, 사회 행사가 밤낮으로 열린다.

8

터키어 익히기

언어는 마음의 등불이다.

– 존 스튜어트 밀

터키에서는 다른 세상이 우리를 기다린다. 주변에서 보이는 것들의 색상과 형태와 재질이 특이한 것은 물론이고 들리는 소리 역시 우리에게 익숙하지 않다. 노점상들이 외치는 소리며 사원 첨탑에서 스피커를 통해 기도를 요청하는 소리, 한밤의 정적을 깨는 귀뚜라미 울음소리, 야간경비원의 호각 소리, 곳곳에서 흘러나오는 동양 노래와 디스코 음악이 뒤죽박죽 섞인 소리. 어떤 이들에게 이런 소리는 태어나서 처음 듣는 낯선 소리일 수 있을 것이다. 터키에서는 보이는 것과 들리는 것을 따로 분리할 수 없다. 이 나라의 진면목을 알려면 이 모든 것들을 이해해야 한다. 그리고 무엇보다도 가장 의미 있는 소리의 조합, 즉 터키 언어에 익숙해져야 한다.

터키어 사용자

터키어는 전 세계에서 약 1억 2500만 명이 사용하는 투르크 어족에 속한다. 이중에 약 7200만 명이 터키 본토에 산다. 그리고 이에 버금가는 인원이 중앙아시아 여러 나라에 살고 있다고 한다. 또한 독일과 벨기에, 네덜란드에 사는 터키 노동자들도 300만 명에 이르고, 영국에도 25만 명가량이 살고 있으며, 키프로스 북부에도 상당수가 살고 있다. 그리고 불가리아, 그리스, 마케도니아, 알바니아, 루마니아, 시리아, 이라크, 이란 등에도 소수의 투르크어 사용자가 살고 있다. 두 가지 중요한 역사적 사실을 떠올려 보면 투르크어 사용자의 그런 광범위한 분포가 그리 놀랍지 않을 것이다. 터키인들이 원래는 중앙아시아에서 서쪽으로 이주해왔다는 사실과, 그들이 아나톨리아에 도달하기 전에 일부는 도중에 정착했다는 사실 말이다. 오늘날 카자흐스탄과 키르기스스탄, 아제르바이잔, 투르크메니스탄, 우즈베키스탄에 투르크어 사용자들이 있는 것도 이 때문이다.

또 한 가지 명심해야 할 사실은 터키 공화국의 전신인 오스만 제국이 16세기에는 세계에서 가장 큰 제국이었다는 것이다. 당시 오스만 제국의 영토로 말할 것 같으면, 동쪽으로 중앙아시아에서 시작해 서쪽으로 비엔나 주변 지역, 남쪽으로는 오늘날 시리아와 이라크, 이집트, 모로코, 알제리, 예멘, 오만, 사우디아라비아가 있는 지역까지 뻗어있었다. 그 시절 거대한 대양과 같았던 제국은 시간이 흘러 작은 바다, 다시 말해 지금의 터키로 축소되었고 대양이 호수와 연못을 남기듯 동유럽과 중동 전역에 군데군데 그 흔적을 남긴 것이다.

터키인과 소통하는 방법

영어 사용자들은 의사소통 문제로 걱정할 필요가 없다. 여느 대도시에서와 마찬가지로 영어를 하는 사람들을 쉽게 찾을 수 있기 때문이다. 영어만큼은 아니지만 불어와 독어도 말하는 사람들이 있다. 그러나 이탈리아어나 스페인어를 하는 사람은 대도시에서도 만나기 힘들다.

영어권 사람들이 테이블에 앉아있거나 길을 걷고 있을 때, 영어를 연습하고 싶어서 다가와 말을 거는 사람들도 있다. 그런가 하면 외국인이 약간의 터키어를 말하면 터키인들은 무척 좋아한다. "메르하바(안녕하세요)" 같은 간단한 인사말에도 사람들은 즉시 웃으면서 마치 대단한 일을 한 사람을 보듯 감탄 어린 시선으로 바라본다.

터키어 배우기

터키에 오래 살 생각이라면 정식 교육을 통해 터키어를 배우는 것이 좋다. 적당한 상대를 찾아 서로의 언어를 배우는 방법도 있지만 아무래도 더 좋은 방법은 어학원에 다니는 것이다. 대사관이나 영사관에 문의하면 정착할 도시에 따라 믿을 만한 시설을 추천해줄 것이다. 앙카라에서 터키어를 잘 가르치기로 유명한 곳은 퇴메르TÖMER로 7개 도시에 분원을 두고 있다. 학원에 연락해 조언을 구하는 것도 가능하다. 만일 터키에 가기 전에 터키어를 배우고 싶다면 시중에서 자습서와 카세트를 구입해서 공부할 것을 권한다. 어떤 경우건 터키어를 공부할 때 다음과 같은 터키어에 관한 기본적인 소개가 유용할 것이다.

터키어

터키어는 핀란드어, 헝가리어와 마찬가지로 교착어다. 교착어란 하나의 어근에 다른 요소들이 첨가되고, 첨가될 때마다 의미가 약간씩 변하는 언어를 말한다. 예를 들어 bayrak은 '깃발'을 뜻하고 bayraktar는 '기수'를 뜻한다. oğul은 '아들'을 뜻하는데 이 단어가 bayraktar에 붙으면 bayraktaroğlu가 되어

'기수의 아들'이라는 의미를 갖는다. 어찌 보면 굴절어인 영어나 독어와 크게 다르지 않다고 생각할 수도 있다. 예를 들어 영어에서 care에 less를 더하면 careless가 되고 여기에 ness를 더하면 carelessness가 된다. 마찬가지로 독어에서 Freund-lich-keit(friend-li-ness)는 세 부분으로 이루어진 단어다. 교착어의 다른 점은 그런 식으로 해서 한 단어만으로 완전한 문장의 효과를 낼 수 있다는 점이다. 예를 들어 gelmiyorlardı라는 단어는 다음과 같은 요소들로 쪼갤 수 있다.

gelmiyorlardı

gel '오다'의 동사 어간

mi 부정을 나타내는 조사

iyor 진행 시제를 나타내는 조사

lar 3인칭 복수형을 나타내는 조사

dı 과거 시제를 나타내는 조사

이 모든 요소들을 합치면 하나의 문장 '그들은 오고 있지 않았다.'가 되는데 터키에서는 이 문장이 한 단어로 표현되는 것이다. 그런 면에서 아주 경제적이라고 볼 수 있다.

터키어는 어순도 대부분의 라틴 및 앵글로색슨 계열의 언어와 다르다. 예를 들어 영어 문장 'I(주어) wrote(동사) a letter(목적어)'는 터키어로 이렇게 번역할 수 있다. 'Ben(주어) mektup(목적어) yazdim(동사).

이런 예에서 볼 수 있는 것처럼, 영어의 어순은 S + V + O 순인 반면 터키어의 단어 나열 순서는 S + O + V 순이다. 이런 이유로 터키어를 영어로 동시통역하는 것이 영어와 어순이

같은 불어를 영어로 동시통역하는 것보다 더 어렵다고들 한다. 문장을 완성하려면 본동사가 나올 때까지 기다려야 하는데, 터키어에서는 본동사가 제일 나중에 나오기 때문에 통역을 시작하기 어렵다는 얘기다.

터키어 읽기와 쓰기

터키어는 비교적 읽기 쉬운 언어이다. 한 문자가 한 음을 나타내며, 문자가 있으면 음도 있고 음이 있으면 문자도 있다는 논리가 적용된다. 이런 음과 문자의 상관관계 덕분에 터키인들은 어떤 이름을 들었을 때 철자를 물어볼 필요가 없다. 들리는 대로 쓰면 된다고 생각하기 때문이다.

이렇게 얘기하면 귀로 들은 터키어는 비록 그 뜻을 몰라도 받아쓰는 데 별 어려움이 없을 것이라는 느낌을 받을 것이다. 그런데 실상은 그렇지가 않다. 위의 설명은 어디까지나 이상적인 상황에 적용될 뿐이고, 실제로는 모든 사람들이 단어를 올바르게 발음하는 것은 아니다. 예를 들어 눈치 빠른 사람은 누군가 '디미'라고 말하는 소리를 듣고 그것을 "그렇지 않아요?"라고 묻는 부가의문문으로 해석할 수 있을 것이다. 그런데 이 때 그것을 들리는 그대로 'di mi'로 쓰지 않아야 한다. 그 단어의 올바른 철자는 'değil mi'이다. 그렇다면 방금까지 이야기한 문자와 음의 완벽한 상관관계란 어떻게 된 거냐고 물을 수도 있을 것이다. 상관관계는 여전히 존재한다. 다만 사람들이 음을 바꿔서 말할 뿐. 특히 일상적인 대화에서 그런 경향이 두드러지는데 출신 지역과 거주지, 상대와의 친밀도, 격식의 유무, 교육 수준 등에 따라 차이가 있다.

유용한 단어와 표현들

직접 뛰어들어서 언어를 배우는 것만큼 좋은 방법은 없다. 아무리 알찬 회화 책이라도 터키어의 복잡성을 몸소 체험하게 해주지는 못하기 때문이다. 그렇지만 처음 입문하는 단계에서 다음과 같은 몇 가지 단어와 문구를 익혀두면 유용할 것이다.

발음 기호

터키인들은 1928년에 라틴어 알파벳을 채택했으나 자신들의 음운 체계에 맞춰 다음과 같이 약간의 변화를 주었다.

알파벳	발음	알파벳	발음
A/a	ㅏ	M/m	ㅁ
B/b	ㅂ	N/n	ㄴ
C/c	ㅈ	O/o	ㅗ
Ç/ç	ㅊ	Ö/ö	ㅚ
D/d	ㄷ	P/p	ㅍ
E/e	ㅔ	R/r	ㄹ
F/f	ㅍ(f)	S/s	ㅅ, ㅆ
G/g	ㄱ	Ş/ş	쉬(sh)
Ğ/ğ	바로 앞의 모음이 장모음임을 나타낼 뿐 따로 발음하지 않는다.		
H/h	ㅎ	T/t	ㅌ
I/ı	ㅡ	U/u	ㅜ
İ/i	ㅣ	Ü/ü	ㅟ
J/j	ㅈ	V/v	ㅂ (v, w)
K/k	ㅋ	Y/y	ㅣ
L/l	ㄹ	Z/z	ㅈ

벌써 눈치 챘는지 모르겠지만 이 알파벳에는 w와 x가 없다. 터키어에는 w 음이 없고 x의 경우는 ks로 대신할 수 있기 때문이다.

차용어

터키어에는 다른 언어에서 가져온 단어들이 많다. 터키인들은 인정할 만한 것은 인정해주고, 어떤 분야에서 가장 대표적인 예를 보여주는 나라의 단어를 차용하기를 좋아한다. 예를 들어 스페인 사람들은 말이 많기로 유명하다. 그래서 허풍이나 헛소리를 의미하는 단어로 스페인어 palabra에서 차용한 palavra를 쓴다. 또한 스파게티를 뜻하는 makarna는 스파게티를 가장 잘 만드는 이탈리아에서 차용한 단어이다. 또한 독일을 최고의 고속도로를 갖추고 있는 나라로 인정해 자국의 고속도로를 아우토반에서 차용한 otoban이라고 부른다.

19세기에 프랑스인들이 철도를 건설하러 아나톨리아에 왔다. 그 유명한 에디르네-바그다드 노선을 비롯해 이 때 지은 철도 중 상당수를 오늘날도 여전히 이용하고 있다. 그런데 프랑스인들이 한 일은 철도 건설만이 아니었다. 그들은 이 새로운 교통수단과 관련한 어휘도 함께 들여왔다. 그렇게 유입된 어휘로 인해 tren(기차), gar(역사), istasyon(기차역), gise(매표소), bilet(승차권), peron(승강장), kondüktör(승차권 징수원) 같은 단어가 등장했다. 이것이 선례가 되어 이후 다른 형태의 교통수단에도 붙어 단어들을 차용하게 된다. otobüs(버스)와

날짜와 숫자

날짜는 일, 월, 요일, 연도 순으로 쓴다. 예를 들어 1995년 8월 10일 목요일은 '10 Agustos Perfsembe, 1995'라고 쓴다.
숫자는 1000 단위마다 점으로 표시하고 소수점 대신 콤마를 쓴다. 예를 들어 백만은 1.000.000,00으로 쓴다.
퍼센트 표시도 순서가 달라서, 예를 들어 90%를 %90으로 쓴다.

kamyon(트럭), bisiklet(자전거), motosiklet(오토바이) 등이 그 예다.

20세기에는 특히 비즈니스와 기술 분야에서 영어 단어가 불어 단어를 따라잡기 시작했다. 그리고 물론 축구의 경우는 gol(골), penaltı(패널티), haftaym(하프타임), ofsayd(오프사이드), lig(리그) 같은 단어에서 알 수 있는 것처럼 영어 단어가 단연 앞선다.

한편 어떤 영어 단어들은 형태가 크게 바뀌어 어원이 불분명해지기도 했다. 앞서 터키 알파벳 읽는 법을 배웠으니 다음 단어들을 발음해보시라. forvet가 무엇을 뜻하는지 짐작할 수 있는가? 축구에서 전방 공격수를 뜻한다. 그렇다면 biftek는 무엇일까? 바로 비프스테이크다. 그렇다면 rozbif는? 물론 로스트비프다.

그러나 원래 형태로건 변형된 형태로건 터키어로 차용된 모든 영단어가 원래의 의미를 간직하고 있다고 생각하면 오산이다. 식당에 가서 çip를 달라고 하면 감자 칩을 줄 것이고 pasta를 주문하면 크림케이크가 나올 것이다. gazino는 단순히 다원을 뜻하고 apartman은 건물을 뜻한다. limonata는 레몬주스로 만든 달디 단 무탄산 음료이며, 레모네이드를 마시고 싶다면 gazoz를 주문해야 한다. 그러나 이 모든 것이 너무 복잡하게 느껴진다면 어딜 가나 그냥 차가운 bira(맥주)나 koka kola를 고수하시라.

사교를 위한 기초 표현들

터키에 처음 머무는 단계에서는 다음과 같은 대화 상황에 직면할 가능성이 아주 크다. 현지인들에게 자신이 현지 언어를 익히기 위해 노력하고 있음을 보여주는 것만큼 정착에 도움이 되는 것도 없다.

일반적인 인사말

A: Merhaba 메르하바 : 안녕하세요?

B: Merhaba

아침 인사

A: Günaydın 귀나이든 : 안녕하세요?

B: Günaydın

저녁 인사

A: İyi aksamlar 이이 악삼라르 : 안녕하세요?

B: İyi aksamlar

밤 인사

A: İyi geceler 이이 게젤레르 : 안녕히 주무세요.

B: İyi geceler

감사하는 상황

A: Teşekkür ederim 테셰퀴르 에데림 : 감사합니다.

B: Estağfurullah*, bir şey, değil : 그런 말씀 마세요.
에스타푸룰라흐, 비르 셰이 데일 아무것도 아닌 걸요.

안부를 묻는 상황

A: Nasılsınız? 나슬스느즈 : 어떻게 지내세요?

B: İyiyim, teşekkür ederim : 잘 지내요.
이이임, 테셰퀴르 에데림 감사합니다.

A:Siz nasılsınız? 시즈 나슬스느즈? : 당신은 어떠세요?

B: Ben de iyiyim, teşekkür ederim : 저도 잘 지내요.
벤 데 이이임, 테셰퀴르 에데림 감사합니다.

집으로 초대받은 상황

A: Hoş geldiniz 호쉬 겔디니즈 : 어서 오세요.
B: Hoş bulduk 호쉬 불둑 : 저희가 왔습니다.

사과하는 상황

A: Affedersiniz 아페데르시니즈 : 죄송합니다.
B: Estağfurullah* 에스타푸룰라흐 : 괜찮습니다. 그런 말씀 마세요.

건배 제안

A: Şerefinize 셰레피니제 : 당신의 명예를 위하여.
B: Şerefinize

* 이 대답을 좀 더 잘 이해하려면 177쪽 '에스타푸룰라흐'에 대한 설명을 참고하세요.

에벳과 하이으르

거의 대부분의 현대 언어에는 '예'와 '아니요'를 뜻하는 단음절 단어가 하나씩 있다. 영어의 '예스'와 '노'(Yes/No), 독일어의 '야'와 '나인'(Ja/Nein), 스페인어의 '시'와 '노'(Si/No), 불어의 '위'와 '농'(Oui/Non), 러시아어의 '다'와 '넷'(Da/Niet), 일본어의 '하이'와 '이예'(Hai/Iie) 등이 그런 경우에 포함된다. 그런데 이유를 설명할 수 없지만 터키어는 특이하게도 그런 말들이 두 음절로 되어 있다. 에벳(E-vet)은 '예', 하이으르(Ha-yır)는 '아니오'에 해당한다. 이 단어들을 기억하기 어렵다면 적어도 '아니요'에 대해서는 주로 격식을 차리지 않는 자리에서 쓰는 '욕Yok'을 대신 사용할 수도 있다.

특정 상황에 유용한 표현들

다음 표현은 터키 체류 초기에 외출했을 때나 길을 물을 때 유용할 수 있다.

요청

호텔과 공항, 식당 등에서 유용한 표현이다.

~istiyorum, lütfen 이스티요룸, 뤼트펜	~(해)주십시오.
* 아래와 같은 문장들을 앞에 붙여서 사용한다.	
bir sise su~ 비르 시세 수	물 한 병을~
bir kutu aspirin~ 비르 쿠투 아스피린	아스피란 한 통을~
iki kisilik bir oda~ 이키 키실릭 비르 오다	2인실을~
Ankara'ya gidiş–dönüş bir billet~ 앙카라야 기디쉬–되뉘쉬 비르 빌렛	앙카라 행 왕복권을~
hesabı~ 헤사브	계산서를~
dolar değiştirmek~ 돌라르 데이쉬티르멕	달러 환전을~
bu adrese gitmek~ 부 아드레세 기트멕	이 주소로 가~
burada inmek~ 부라다 인멕	여기서 내려~

고장 신고

~bir problem var 비르 프로블렘 바르	~에 문제가 있습니다.
* 아래와 같은 단어들을 앞에 붙여서 사용한다.	
telefonda~ 텔레폰다	전화에~
anahtarda~ 아나흐타르다	열쇠/자물쇠에~
sıcak suda~ 스작 수다	온수에~
duşta~ 두쉬타	샤워기에~
televizyonda~ 텔레비존다	텔레비전에
muslukta~ 무슬룩타	수도꼭지에~

제안과 감사

~alır mısınız? 알르르 므스느즈?	~를 드릴까요?
Buyrun, lütfen. 뷔룬, 뤼트펜	네, 주세요.
Teşekkür ederim. 테셰퀴르 에데림	감사합니다.
Hayır, teşekkür ederim. 하이으르, 테셰퀴르 에데림	고맙지만 됐습니다.

길 묻기

En yakn ~ nerede acaba? 엔 야큰 ~ 네레데 아카바?	가까운 ~이(가) 어디에 있습니까?
* 위의 문장 가운데에 아래 단어들을 넣어서 사용한다.	
otel 오텔	호텔이~
banka 방카	은행이~
otobüs durağı 오토뷔스 두라이	버스 정류장이~
taksi durağı 탁시 두라이	택시 정류장이~
postahane 포스타하네	우체국이~
hastahane 하스타하네	병원이~
süpermarket 쉬페르마켓	슈퍼마켓이~
turist danışma 투리스트 다느쉬마	관광안내소가~

물론 방향과 관련된 표현을 모른다면 길을 물어봐야 아무 소용이 없을 것이다. 다음과 같은 방향 표현이 있을 수 있다.

sağda 사다	남쪽으로
solda 솔다	왼쪽으로
aşağda 아샤다	아래로
yukarıda 유카르다	위로
orada 오라다	저기
biraz ileride 비라즈 일레리데	조금 더 아래

karşıda 카르슈다	반대 방향
köşede 쾨셰데	길 모퉁이에

물건을 보여 달라고 청하기

Şuna bakabilir miyim, lütfen? 슈나 바카빌리르 미임 뤼트펜?	좀 봐도 될까요?
Bunu gösterir misiniz, lütfen? 부누 괴스테리르 미시니즈, 뤼트펜?	이것 좀 보여주시겠어요?
Bunu deneyebilir miyim? 부누 데네예빌리르 미임?	이것 좀 입어봐도(먹어봐도) 될까요?

가격 묻기

Bu kaça? 부 카차?	이건 얼마예요?
Onun fiyatı ne? 오눈 피야트 네?	저건 가격이 얼마입니까?

가격 흥정

Biraz indirim yapın lütfen. 비라즈 인디림 야픈 뤼트펜	좀 깎아주세요.
Çok pahalı, alamam. 초크 파할르 알라맘	너무 비싸서 못 사겠어요.
~lira olsun. 리라 올순	~리라에 주세요.

상투적 표현

터키에서는 상황에 따라 사용하는 상투적인 표현들이 많다. 적절한 상황이 되면 누구나 그런 표현을 쓰고, 그렇게 하지 않으면 실례가 된다. 물론 이것은 어디까지나 터키인들에게만 해당하는 얘기이며 외국인의 경우는 그런 상황을 모를 거라고 이해해준다. 하지만 적절한 때에 적절한 사람에게 적절한 말을 한다면 터키인들이 얼마나 기뻐할지 생각해보시라. 새로운 환경에서 좋은 인상을 주고 싶다면 다음과 같은 표현을 유용하게 활용할 수 있을 것이다.

Gözünüz aydın 괴쥐뉘즈 아이든	눈이 반짝반짝 하네요. (좋은 소식을 들은 사람에게)
Başınız sağolsun 바슈느즈 사올순	머리는 살아있기를 (누군가 죽었을 때 조의의 표현)
Güle güle giyin 귈레 귈레 기인	잘 입으세요. (새 옷을 산 사람에게)
Güle güle oturun 귈레 귈레 오투룬	잘 사세요. (새 집으로 이사 온 사람에게)
Kolay gelsin 콜라이 겔신	일이 잘 풀리기를 (무언가를 하느라 바쁜 사람에게)
Elinize sağlık 엘리니제 살륵	당신의 손에 건강이 깃들기를 (손으로 준비한 것, 특히 음식에 대한 감사의 표시로)
Geçmis olsun 게츠미스 올순	쾌차하시기를! (아프거나 최근에 병에서 회복한 사람에게)
Sıhhatler olsun 스하틀레르 올순	건강하시기를! (목욕을 하거나 머리를 자른 사람에게)
Afiyet olsun 아피예트 올순	건강하시기를! (식사를 시작하거나 마칠 때)
Allah mesut etsin 알라흐 메수트 엣신	신이 축복해 주시기를! (신혼부부에게)
Çok yaşa 초크 야샤	만수무강하세요. (재채기를 한 사람에게)
Allah kavuştursun 알라흐 카부쉬투르순	신이 다시 만나게 해주시기를! (가까운 사람과 이별할 때)

Zahmet olacak 자흐메트 올라작	수고스러우시겠지만. (누군가에게 부탁을 할 때)
Kesenize bereket 케세니제 베레켓	당신의 주머니에 축복을! (식사 후에 집주인/안주인에게 감사를 표할 때)
Tebrik ederim 테브릭 에데림	축하합니다.

언어에 반영된 태도

마샬라 Maşallah

앞서 우리는 악마의 눈길을 물리쳐준다는 파란 구슬에 대해 이야기했다. 언어에서 이와 똑같은 역할을 하는 것이 바로 '마샬라'다. 마샬라는 '신의 가호가 깃들기를'이라는 의미를 담고 있는데 사실 파란 구슬의 별칭이기도 하다.

터키에는 좋은 소식은 시기심을 불러일으킬 수 있으므로 각별한 보호가 필요하다는 공통적인 믿음이 있다. '마샬라'는 말하자면 보호용 방패 역할을 하는 말이다. 터키 친구들의 행복을 바란다면 좋은 소식 뒤에 항상 '마샬라'를 붙여서 말해야 한다. "아기가 태어났대요, 마샬라." "아들이 시험에 합격했다죠, 마샬라." "세상에! 남편이 아내에게 돌아왔다는군요. 마샬라 곱하기 41이예요." 왜 41이냐고? 이슬람교에서는 40을 1, 3, 9와 함께 쓰면 행운의 수로 여기기 때문이다. 또한 이슬람교 이전의 터키인들에게 40은 헤아릴 수 없이 많은 수를 뜻하기도 했다. 이 경우 어떤 전통이 적용된 것인지는 몰라도, 아무튼 41이 마샬라를 더욱 강력한 방패로 만들어주는 것만은 분명하다.

인샬라Inşallah

이 말은 '신의 뜻대로'라고 번역할 수 있다. 우리가 하고 싶거나 하기로 작정한 일이 있다 한들 그것이 신의 뜻이 아니라면 무슨 의미가 있겠는가? 원래 인샬라는 운명이라는 이슬람 개념과 연결된 말이었지만 시간이 지나면서 비종교적인 기능을 하게 되었다.

예를 들어 어떤 아빠가 "내일 축구할까요, 아빠?" 하고 묻는 아들에게 "별 일 없으면……"이라고 얼버무리는 상황을 생각해보자. 이제 인샬라는 이럴 때 쓰는 말이 되었다. 뭔가를 하기는 싫지만 대놓고 거절하지 못하는 상황에서 "인샬라"라고 말하면, 상대에게 동조하는 것 같은 느낌을 주면서도 슬쩍 신의 뜻에 책임을 떠넘김으로써 빠져나갈 여지를 남기는 것이다. 하기야, 신의 뜻이 어떨지 누가 알겠는가?

알라하쉬키나Allahaşkina

터키인들이 어떤 것을 권할 때는 좋은 점과 나쁜 점이 있다. 나쁜 점은 그들이 제안할 때 아주 끈덕지다는 점이다. 그러나 그렇게 끈덕지게 권하는 이유는 상대방이 그 권유를 넙죽 받아들일 수 없음을 알기 때문이다. 그래서 한쪽은 고집스럽게 권하고 다른 한쪽은 계속해서 사양하는 실랑이가 종종 벌어진다. 그 결과 어느 한쪽이 포기할 때까지 지속적인 설득 단계에 들어가게 된다.

설득은 자신의 도리를 다하려는 쌍방의 의지가 얼마나 확고하냐에 따라 3단계에 걸쳐 이루어진다. 첫 단계는 "알라하쉬키나(신의 사랑을 위하여)"라는 말로 신을 언급하는 것이다. 예를 들어 "신의 사랑을 위하여 이것을 받아주세요."라고 말할 수 있다. 그래도 통하지 않으면 비슷한 전략으로 '나를 좋아한다면'이라는 뜻의 "베니 세비요르산Beni seviyorsan"을 동원할 수도 있다. 상대방이 여전히 꿈쩍도 하지 않는다면 '당신과 말도 하지 않겠다'는 뜻의 "코누쉬맘Konuşmam"이나 '당신과 인연을 끊겠다'를 뜻하는 "퀴세림Küserim" 또는 "다릴리림Darilirim" 등의 말로 위협하다시피 해서 압박의 수위를 높인다. 이 방법으로도 성공하지 못하면 '내가 죽는 꼴을 보고 싶냐'를 뜻하는 "윌뤼뮈 괴르Ölümü gör"라는 말로 최후의 일격을 가한다. 이 말까지 하면 웬만해서는 더 이상 사양하기가 힘들다. 이쯤 되면 아무리 내키지 않아도 권유를 받아들여야 한다.

한편 터키인이 뭔가를 권할 때 좋은 점은 언제나 이 3단계를 거쳐야 하는 것은 아니라는 점이다. 터키인들은 어차피 상대가 거절할 것을 뻔히 알면서 예의상 뭔가를 권하는 경우가 종종 있는데, 그럴 때는 굳이 3단계를 다 거치지 않기도 한다. 그런데 가끔은 판단 착오 때문에 예상치 못한 결과가 생기기도 한다. 언젠가 한 터키 친구가 어떤 외국인 손님에 대해 불평하는 것을 들은 적이 있는데, 그 손님이 자기 라이터를 보고는 하도 예쁘다고 감탄하기에 예의상 가지라고 했더니 정말로 받더라는 얘기였다. 친구는 이렇게 말했다. "사실 난 빈 말로 권한 거였는데 그 사람이 냉큼 받더라니까."

에스타푸룰라흐Estağfurullah

오스만 제국은 위계질서가 확고한 사회였으며 엘리트들의 언어에도 그것이 반영돼 있었다. 당시에는 예의란 끊임없이 자신을 낮춰 말하는 것을 뜻했다. 스스로를 낮춰 말하거나 상대방을 치켜세우다 보면 대화의 균형이 깨지기 마련이고 사고

방식 역시 균형을 잃게 된다. 시간이 지나면서 이런 과장된 스타일은 점차 약해졌지만 그렇다고 완전히 사라진 것은 아니다. 오늘날까지도 터키어 속에서 이런 사고방식의 잔재를 찾을 수 있다.

Emrinize amadeyim 엠리니제 아마데이임	당신의 명령을 받을 준비가 되었습니다. (도움을 제안할 때)
Fakirhanemize 파키르하네미제	누추한 집을 찾아주셔서 영광입니다. (손님을 맞이할 때)
Ben elinize su bile dökemem 벤 엘리니제 수 빌레 되케멤	저는 당신의 손 씻을 물을 부어드릴 만큼의 자격도 없습니다. (자신과 다른 사람이 어울리지 않는다고 주장할 때)
Basimin üstünde yeriniz var 바시민 위스튄데 예리니즈 바르	당신의 자리는 제 머리 꼭대기에 있습니다. (손님을 접대할 때. 원한다면 내 머리를 깔고 앉아도 좋다는 뜻)
Acizane fikrimi sorarsaniz 아지자네 피크리미 소라르사니즈	저의 가치 없는 의견을 물으신다면 (어떤 주장을 할 때)

지위가 높아서 그처럼 고귀한 대접을 받을 만하다면 다른 사람이 한없이 스스로를 낮추는 것을 우아하게 지켜봐도 괜찮다. 하지만 대화하는 상대와 지위가 엇비슷한 사람은 순간적으로 깨진 균형을 회복하기 위해 뭔가를 해야 한다. 상황을 바로잡는 방법 중 하나는 그와 비슷하게 자신을 낮추는 것이지만 그러면 시소가 다시 한쪽으로 기울 것이다. 그러면 또 상대는 자신은 공중에 대롱대롱 매달려있으면서 당신이 편안하게 땅에 발을 붙이고 있도록 놔두지 않을 것이다. 이런 과정은 끝도 없이 반복된다. 이럴 때 좀 더 효과적이면서도 예의에 어긋나지 않게 자신을 낮추는 방법이 바로 에스타푸룰라흐이다.

에스타푸룰라흐는 원래 '신의 용서를 빕니다.'라는 뜻의 아랍어에서 차용한 말이다. 이 시점에 어째서 신의 용서가 필요한지 의아할 것이다. 요는 신만이 숭고한 존재이며 신의 열등한 피조물인 우리는 모두 똑같다는 얘기다. 어떤 사람이 대화를 하다가 위에서 말한 것과 같은 불균형을 초래했을 때, 상대방은 자신이 저지른 죄에 대해 용서를 구하면서 동시에 이 세상에서 그가 차지하는 불변의 위치를 상기시키는 것이다.

물론 에스타푸룰라흐는 이슬람교와 함께 터키에 들어온 말이지만 인샬라와 마찬가지로 시간이 지나면서 종교적 의미를 잃고 오늘날은 감사와 사과 같은 다양한 상황에서 사용되고 있다.

9

터키에서 일하기

일만 하고 놀지 않으면 남자는 바보가 되고
여자는 부유한 미망인이 된다.

– 에반 에사르

터키에서 일자리 찾기

외국인이 터키에서 일자리를 찾기란 쉬운 일이 아니다. 터키에 도착하기 전에 일자리를 찾아 취업 비자를 신청해야 하는 데다 외국 신문이나 잡지에는 구인 광고가 거의 실리지 않기 때문이다.

그러나 영어강사의 경우라면 상황이 훨씬 유리하다. 대도시에는 언제나 영어강사에 대한 수요가 존재하고, 많은 학원에서 영국과 미국의 신문과 잡지에 주기적으로 구인 광고를 내기 때문이다. 한국인의 경우, 재터키한인회 홈페이지(www.turkeykorean.net)에서도 구인구직 정보를 찾을 수 있다.

일자리를 구했다면 일단 고용계약서를 받는 것이 중요하다. 그리고 이 계약서는 일의 성격에 따라 터키 교육부나 관광부나 국가계획청의 승인을 받아야 한다. 취업 비자를 발급해주는 영사관에서 이 계약서를 요구할 것이다. 이 단계를 통과한

터키 고용청

터키 고용청에서 도움을 얻을 가능성이 있다. 주소는 아래와 같다.

Iş ve Işçi Bulma Kurumu
Cemal Gürsel Caddesi 8/A
Sıhhıye, Ankara

이곳은 주로 터키인들의 취업을 돕는 일을 하지만 가끔 외국인들을 위한 일자리가 나오는 경우도 있다.

이후에도 터키에 머무는 동안 일자리를 바꾸고 싶다면 새로운 일을 시작하기 전에 반드시 새로운 계약을 체결해야 한다. 어떤 업체는 세금을 피하기 위해 계약서를 쓰지 않는 경향이 있는데, 그런 경우 아무런 통보도 보상도 없이 해고될 위험을 감수해야 한다.

터키에서 사업하기

1980년에 터키 정부가 외국 자본의 자국 투자에 대한 규제를 완화한 후로 많은 외국 자본이 유입되었다. 1954년부터 1980년까지 터키에 투자된 외국 자본은 2억 2800만 달러에 불과했던 반면 1991년 한 해에만 무려 2억 5100만 달러의 신규 투자가 이루어졌다. 금융 부문을 제외하고 가장 인기 있는 투자 분야는 관광업, 자동차산업, 군용항공기, 전자, 식량 및 농업, 건설, 광업이다.

거주 법인이건 비거주 법인이건 터키에서 사업을 하는 외국계 회사들은 기업소득세법에 따라 다양한 공제 및 면세 혜택을 받는다. 국가계획청이 가능한 모든 혜택들을 명시한 영문 공시자료를 발부하므로 관심 있는 개인이나 회사는 신청해서 받아볼 수 있다.

법인(AŞ), 유한합자회사(Ltd), 또는 비공개 유한회사(TLS) 형태로 회사를 설립할 수 있는데, 비공개 유한회사는 극히 드물다. 세법과 소유자 책임의 측면에서 법인과 유한합자회사가 더 유리하기 때문이다. 주주가 100명 이상인 기업은 증권거래소에 상장할 수 있다.

또한 터키인을 직원으로 두지 않아도 외국인이 회사를 설립

소득세

외교관과 외국 공무원들은 소득세를 면제받는다. 그 외에 터키에 6개월 이상 체류하는 외국인들은 세금을 내야 하지만 특정한 임시 업무 때문에 터키에 머물고 있는 기자와 학자 등은 예외다.
세율은 소득액에 따라 다르다. 저소득층은 25퍼센트의 세율이 적용되지만 최고소득층은 50퍼센트까지 올라갈 수 있다. 우대세율은 우선육성대상 1순위와 2순위 업종 종사자에게 적용된다.

할 수 있다. 외국인 회사는 투자를 위해 터키에 얼마든지 외화를 들여올 수 있으며, 은행에서 외환 계좌를 개설할 수 있고, 지방세만 내면 이익금을 터키 밖으로 자유롭게 반출할 수 있다. 또한 적절한 서류와 담보물을 제공하면 은행신용장도 신청할 수 있다. 터키에서 회사를 설립하면 터키 국민에게 적용되는 모든 터키 법과 규정이 그들에게도 자동으로 적용된다.

터키인들을 상대로 사업하기

대인관계는 터키에서 기업의 성패를 좌우하는 열쇠이다. 터키에서는 인맥이 지식이나 정보보다 더 중요할 때가 많다. 사업상의 대화에서 허겁지겁 본론으로 들어가는 것은 절대 금물이다. 일단 유쾌하고 친근한 대화로 시작한 다음에 본격적인 주제로 들어가야 한다.

일반적으로 터키인들은 기질이 느긋해서 사업상 만남에서도 시각을 엄수하는 것을 어려워한다. 만남이 사업장 밖에서 이루어질 경우에는 어쩔 수 없는 교통 정체 때문에 시간이 지연될 때도 종종 있다. 그렇다면 터키 회사 대표자와 약속을 한 외국인에게도 마찬가지로 지각이 용인될까? 그럴싸한 핑계를 찾을 수 있다면 그럴 것이다. 그러나 회사 규모가 클수록 거짓 핑계를 구분하는 노련한 안목이 있으므로 애초에 시간을 엄수하는 편이 안전하다.

사업 기회

오스만 제국 시절, 사업은 소수민족들의 영역이었다. 터키인들 자신이 사업에 관심을 갖게 된 것은 공화국이 설립된 이후다. 그래서 아직 배워야 할 것도 많지만 늦은 출발에도 불구하고 터키인들은 장족의 발전을 했다. 일례로 오늘날 유럽에서 두 번째로 큰 토마토 수출업체(TAT AŞ)가 터키에 있다.

1920년에서 1945년까지 터키는 수지를 맞추기에 급급했다. 당시에는 다른 유럽 국가들의 사정도 마찬가지였다. 터키는 1950년대부터 폐쇄경제로는 나라가 더 이상 갈 곳이 없음을 깨닫고 해외에서 돈벌이를 하는 데 관심을 갖기 시작했다. 수많은 사람들이 일자리를 찾아 독일로 떠났다. 또한 1970년대에는 대규모 건설 공사가 한창이던 리비아와 사우디아라비아 등의 아랍권 국가가 인기 해외 취업지로 부상했다. 이후 한동안 뜸하더니 요즘은 러시아와 발칸 국가, 중앙아시아 국가에서 많은 터키 회사들이 활동하고 있다.

터키인들은 돈이 있는 곳을 귀신같이 안다. 교차로며 운동경기장이며 이슬람 사원이며 학교 정문이며 기차역이며 버스정거장이며, 사람들이 모일 만한 곳이라면 어디든 어김없이 노점상들이 진을 치고 있다. 그래서 베를린 장벽이 무너지던 날 밤 독일에 거주하던 많은 터키인들이 큰돈을 벌었다는 얘기를 들었을 때도 나는 별로 놀라지 않았다. 아마 그날을 위해 전날 사둔 손수레를 끌고 밤새 꼬치구이를 팔았을 것이 뻔하다.

직업

터키에서 인기 직업은 유행에 따라 달라진다. 오스만 제국 시절에는 급료가 적어도 안정적인 직업이 인기 높았다. 돈을 다루거나 미술에 관련된 일은 천한 직업으로 간주했기 때문에 교육받은 터키인들은 모두 군인이나 공무원을 꿈꾸었고 그 결과 무역이나 예술적 업적은 모두 미국인이나 그리스인, 유대인들의 몫으로 돌아갔다.

공화국 수립 이후 아타튀르크는 농민이 나라의 주인이라고 선언했다. 이 선언에 잔뜩 고무되어 그 때까지 소작농으로 일하던 아나톨리아 사람들 대부분은 땅을 사들여 농사를 짓기 시작했다. 그러나 농업의 인기는 오래 가지 않았다. 이스탄불을 비롯한 서부 지역 도시에서는 산업화가 가져온 다양한 변화로 인해 많은 사람들이 공학과 경영, 의학 등 전문 직종의 일자리를 얻기 위해 대학으로 몰렸다. 지속적인 농촌인구의

근무 시간

터키에서는 업종에 따라 영업시간이 다르다. 다음은 중요한 기관과 상점의 영업시간이다. 참고로 터키에서는 시간을 말할 때 12시간이 아닌 24시간 단위로 한다. 예를 들어 오후 5시 30분은 17시 30분이라고 말한다.

- 은행 8:30~12:00, 13:30~18:00
- 일반 회사 8:30~17:00, 또는 9:00~18:00
- 박물관 8:30~12:30, 13:30~17:00
- 우체국 8:30~12:30, 13:30~17:30
- 중앙우체국 24시간
- 상점 9:00~19:00(주거지역이나 관광지의 작은 상점들은 더 늦게까지 영업하기도 한다.)
- 여행사 8:30~18:00(월요일~금요일)
  9:00~13:00(토요일)

유입으로 도시는 점점 더 팽창했고, 건설업자가 인기 직업이 되었다. 이후 컴퓨터 시대가 도래해 터키는 이제 그곳에 존재하는 컴퓨터의 수만큼이나 많은 컴퓨터 프로그래머들이 살고 있는 것처럼 보인다.

직함

터키인들은 직함을 좋아하고 거창한 직함일수록 더 선호한다. 1960년대에는 미마르mimar(건축가)라는 직함이 유행이었지만 시간이 흐르면서 그것만으로는 충분치 않다고 생각했는지 갑자기 mimar-mühendis(건축가-엔지니어)라는 직함이 등장했다. 이어서 yuksek mimar-mühendis(선임 건축가-엔지니어)가 뒤따랐다. 여기서 선임이란 교육을 많이 받았다는 표시다.

터키인들이 좋아하는 또 다른 직함은 뮈뒤르müdür(부장)이다. 어디서나 그렇게 부장이 넘쳐나는데 그러면 대체 이들이 관리하는 부서원은 어디 있는지 의아할 정도다. 일례로, 영업부서에서 일하는 사람들은 죄다 satıs müdür(영업부장)인 것 같다. 터키에 살면서 satıs elemanı(영업사원)을 만나본 적이 한 번도 없으니 말이다.

논리의 차이

실직 중인 터키 친구가 전화번호를 알려주려고 내게 명함을 준 적이 있다. 명함에는 그의 이름과 함께 '부장'이라는 직함이 적혀있었다. 내가 말했다. "이것 봐. 부장은 직업이 아니라 직책이잖아. 회사도 소속부서도 없는데 어떻게 부장이 될 수 있지?" 그 친구는 내 논리에 공감하지 못했다. "내가 이 나이와 이 경력에 어떤 회사에 취직을 한다면 이보다 낮은 직책은 절대 받아들이지 않을 거야. 그러니 회사가 있건 없건 난 부장인 거지." 나 역시 그의 논리에 공감할 수 없었다.

마케팅

터키에서는 웬만한 자유경제 마케팅 전술은 모두 동원된다. 소비자를 유혹하기 위해 동원되는 방식은 주로 사은품을 제공하는 것이다. 예를 들어 한 세제 회사는 빈 용기 두 개를 상점으로 가져오면 마가린 두 통을 주겠다고 광고한다. 마가린 회사는 제품 포장지 다섯 장을 보내면 샴푸 한 통을 주겠다고 광고하고, 그런가 하면 샴푸 회사는 빈 샴푸 통을 특정 개수만큼 모으면 파리 여행 이벤트 응모권을 준다고 말한다.

그러나 마케팅 경쟁이 가장 치열한 곳은 뭐니 뭐니 해도 신문사다. 최근에는 열기가 한풀 꺾였다지만 그 세계에서 벌어지는 경쟁은 여전히 전쟁터를 방불케 한다. 터키 3대 신문사가 저마다 더 비싸고 더 좋은 사은품을 경쟁적으로 제공하고 있다. 책 한 권에서 시작했던 것이 백과사전 풀세트까지 올라갔고 곧이어 식기류와 침구류를 제공하기 시작했다. 한 신문사가 신문에서 쿠폰 30장을 오려오는 대가로 포크와 나이프 세트를 제공하자마자 다른 두 신문사는 냄비 세트나 스테인리스 주방용 칼, 침구 등 온갖 품목들을 제공했다.

경쟁이 한창 치열했을 때는 한 신문사에서 모든 독자에게 5개 국어를 포괄하는 시가 200달러짜리 전자번역기를 주겠다고 광고했을 정도다. 신문 구독률이 그리 높지 않고 가격도 낮은 나라에서 고객에게 그렇게 막 인심을 쓰면서 몇 푼 안 되는 구독료로 수익을 낼 수 있다고 기대하는 신문사는 아마 없을 것이다. 실제로 그들이 노리는 것은 구독자들의 주머니가 아니라 연간 수십 억 달러 규모의 신문광고 시장에서 더 많은 부분을 차지하는 것이다. 그리고 이 경쟁에서 이득을 보는 것은 독자이기 때문에 정부는 거인들의 전투를 그냥 보고만 있다.

소비자에게 제품 구입을 설득하려면 우선 소비자에게 자신의 존재를 각인시켜야 한다. 마르마리스의 요트 항 부두에는 관광객들을 유혹하는 노점상들이 길게 들어서있는데, 이들 중에 아주 희한한 품목을 취급하는 사람들이 있다. 쌀알에 이름을 새긴 뒤 조그만 뿔 모양 유리 장식에 넣어 펜던트용으로 파는 것인데, 유리 장식 안에는 물이 들어있어서 쌀알과 글씨가 확대돼 보인다. 각각의 노점상들은 앞에 광고 글을 써놓는데 그중에 '이름에 쌀을 새겨드립니다.'라고 적힌 광고가 있었다. 나는 문득 실수를 지적해주고 싶은 충동을 느껴 발길을 멈추고 말했다. "쌀에 이름을 새겨드립니다, 라고 해야 맞지 않나요?" 그랬더니 한 청년이 미소 지으며 말했다. "저도 압니다." 청년은 내 얼굴에서 의아하다는 표정을 읽고는 이렇게 설명했다. "내가 문장을 제대로 썼다면 아무도 발길을 멈추지 않았겠죠. 이런 식으로 관광객의 관심을 끌고 있는 겁니다."

광고 방법이야 어떻건, 뭔가를 살 때는 상인이 내게 팔려는 것이 무엇이며 과연 그에게 그것을 팔 권리가 있는지 꼼꼼히 따져봐야 한다. 1960년대에, 지금까지도 사람들을 실소하게 만드는 황당한 사건이 신문 머리기사를 장식한 적이 있다. 한 순진한 촌사람이 처음으로 이스탄불에 오게 됐는데 그는 평소에 갈라타 탑을 몹시 좋아했다. 이스탄불의 갈라타 탑은 파리의 에펠탑이나 런던의 시계탑과 맞먹을 정도로 유명하고 역사적인 탑이다. 그래서 한 남자가 다가와 자신이 갈라타 탑의 '주인'이며 주머니에 있는 돈을 전부 주면(마침 그의 주머니에는 상당한 돈이 있었다) 탑을 팔겠다고 말했을 때 그런 행운이 찾아온 것이 믿을 수 없을 만큼 기뻤다. 갈라타 탑의 새 주인이 된 것에 마냥 흐뭇한 남자는 부동산 양도증서를 받으러 등

기소로 가서야 비로소 자신이 사기를 당했음을 깨달았다.

사무실 복장 및 태도

터키인들은 출근할 때 '점잖은' 복장을 한다. 남자들에게 양복과 넥타이는 필수이며 아무리 더운 날에도 넥타이를 푸는 법이 없다. 여자들도 비교적 점잖은 옷을 입어야 하지만 남자들만큼 복장 규정이 엄격하지는 않다. 그저 깔끔하고 단정하게만 입으면 된다. 그런데 깔끔하고 단정하다는 것의 정의가 언제나 명확하지는 않다. 1995년에 있었던 한 사건을 보면, 당시의 국회에서는 '깔끔하고 단정한'의 기준이 무엇이었는지를 짐작할 수 있다. 어떤 국회의원이 방송사 여기자에게 스타킹을 신지 않았다는 이유로 퇴장을 명령했다. 당시는 여름이었고 그 비운의 여인은 다리를 대부분 가리는 긴 치마를 입고 있었는데도 그런 일을 당한 것이다. 터키에서 일하는 외국인들 중에는 근무 시간 내내 말쑥한 복장을 유지해야 한다는 사실에 무척 당혹스러워하는 이들도 있다. 복장 센스가 있고 없음은 이 나라에서 일에 대한 진지함을 보여주는 좋은 지표로 간주된다.

사무실에서는 거의 군대 수준의 엄격한 위계질서가 존재한다. 부하 직원은 상사에게 특정한 방식으로 존경심을 보여야 한다. 상사가 있을 때는 재킷 단추를 다 채우고 있어야 하고, 상사 대신 문을 열어주며, 상사가 들어오면 자리에서 일어난다. 이런 위계질서는 다층적이어서 맨 꼭대기에 있는 사람이야 불편할 것이 없지만 밑바닥 사람들은 승진할 날만 기다리며 산다.

하데메 hademe

관공서를 비롯한 모든 사무실에는 하데메가 한 명씩 있다. 하데메는 말하자면 사환인데, 나이가 보통 40대 이상인 점이 다르다. 하데메는 차 심부름을 하거나 다른 사무실로 가서 서류에 사인을 받아오거나, 직원들에게 손님이 찾아온 것을 알려주거나 청소와 기타 허드렛일을 한다. 이런 잡일만으로 하데메들이 아홉 시에서 다섯 시까지 바쁘게 일하기는 어렵다. 그래서 하릴없이 복도 의자에 앉아있다가 누군가 사무실 문밖으로 머리를 빼고 부르기만을 기다리는 시간이 더 많다.

모든 부문에서 경쟁이 치열해지고 모두들 비용을 조금이라도 절감할 방법을 모색하고 있는 상황에서 회사에 그렇게 많은 하데메는 필요 없지 않느냐는 의견이 힘을 얻고 있다(어떤 직장은 층마다 하데메가 한 명씩 있다). 심지어 하데메 제도를 아예 없애자는 의견도 있다. 그러나 하데메를 없앨 수 있는 사치

직장에서 해야 할 것과 하지 말아야 할 것

해야 할 것
- 직장에서 복장 규정을 잘 관찰하고 그에 따라 입을 것
- 필요한 경우 야근을 각오할 것

하지 말아야 할 것
- 습관적으로 제일 늦게 출근해서 제일 먼저 퇴근하지 말 것
- 근무 시간 동안 티타임이나 커피타임이 있을 거라고 기대하지 말 것
- 종이는 여전히 비싼 자원으로 인식되므로 쓸데없이 낭비하지 말 것
- 휴대전화로라도 너무 잦은 개인 통화는 삼갈 것
- 상사에게 너무 허물없이 대하지 말 것
- 여러모로 쓸데가 많을 것이므로 기회가 되면 최대한 빨리 명함을 인쇄할 것
- 상대가 이름을 부르라고 청하거나 먼저 이름을 부를 때까지는 그의 이름을 부르지 말 것

는 민간 부문에만 허용된다. 고실업 문제에 직면한 공공 부문으로서는 좀 더 생산적인 방식으로 이 노동력을 수용할 새로운 일자리를 창출할 때까지 좋건 싫건 하데메 제도를 고수할 수밖에 없다.

명함은 사교 카드?

터키인들은 만나자마자 명함을 교환하지 않는 경향이 있다. 그들은 먼저 이야기를 나누며 탐색한 다음에 명함을 줄지 말지 결정한다. 앞으로의 관계가 불투명한 사람들에게 괜한 낭비를 하지 않으려는 것이다. 대화를 마치면서 손에 명함을 쥐고 나오게 된다면 조만간 명함 주인에게서 전화가 걸려올 것이라고 확신해도 좋다.

명함은 다른 기능도 있다. 부재중에 누군가 찾아왔다가 방문 사실을 알리기 위해 문가에 두고 갈 수도 있다. 또는 크리스마스나 이슬람교 축일에 주고받는 카드에 끼워서 보내거나 꽃다발이나 다른 선물에 붙여서 보낼 수도 있다. 터키에서는 대부분 직선이나 곡선, 원이나 점을 비롯한 각종 기하학적 형태를 동원한 예술적인 낙서 같은 서명을 이용하기 때문에 명함을 받은 사람은 보낸 사람이 누구인지 쉽게 알 수 있다.

행정절차

'단시간에 많이'가 모토인 민간 부문에서는 행정절차가 많지 않다. 정상 근무시간 동안 책상에 쌓인 일을 끝내지 못했다면 사람들은 초과 수당을 요구하지 않고 묵묵히 야근을 한다.

이 모토를 이행하려면 속도가 관건이며 어떤 경우는 모든 것이 너무 속전속결이어서 외부인에게는 당혹스럽게 느껴질 때도 있다. 물론 반대의 경우도 있다. 한번은 잉글랜드에서 집을 구입하려던 한 터키 친구가 사무 변호사들이 서류 작업으로 몇 주를 보내는 것을 보고 내게 답답함을 호소한 적이 있다. 그녀는 이렇게 말했다. "이건 거북이가 따로 없어. 터키에선 그냥 집이 마음에 들고 집주인과 가격만 맞추면 그 날로 악수하고 바로 거래가 끝나는데, 여긴 뭐가 이렇게 복잡해? 정말이지 터키가 그리워."

세월아 네월아

공공 부문에는 민간 부문을 지배하는 속도와 실용성이 존재하지 않는다. 그래서 공공 부문의 일처리는 더디고 더디다. 체류허가증을 승인받거나 진료를 받거나 국민연금을 받으려고 줄을 서있는 상황이라면, 사람들이 우스갯소리로 하는 말처럼

돌고 돌고

어느 날 오후 전기 요금을 내려고 시청에 간 적이 있다. 돈을 받으러 간 게 아니라 내러 간 것이기 때문에 몇 분이면 끝날 줄 알았다. 하지만 그건 대단한 오산이었다. 내가 시청 건물에서 나오기까지 무려 한 시간이나 걸린 것이다. 우선 나는 2층에서 X양을 기다려야 했고 그다음 아래층에 있는 Y씨에게로 보내졌다. 그는 고지서의 숫자를 대조한 다음 서명을 하고 다시 나를 X양에게로 올려 보냈다. 그런데 X양은 다른 신청자의 일을 처리하고 있었다. 그 일이 끝나자 그녀는 내게 3층으로 올라가서 고지서에 붙일 수입증지를 사오라고 했다. 3층에 가보니 증지를 파는 남자가 전화를 받고 있어서 대화가 끝날 때까지 기다려야 했다. 증지를 산 뒤 다시 X양에게 갔더니 그녀는 내게 1층에 있는 수납계로 가라고 했다. 마침내 모든 일을 마쳤을 때, 나는 계단을 몇 번씩 오르내리느라 숨이 턱까지 차올라 있었다. 어떤 용무로든 관공서에 갈 일이 있다면 시간 여유를 많이 두고 에너지도 충만할 때 가야 한다.

'세월아 네월아' 하며 기다릴 수밖에 없다.

이런 상황이 발생하는 이유 중 하나는 공무원들의 느긋한 태도다. 공무원들은 대부분 인맥을 통해 취직한 사람들이기 때문에 일자리가 안정된 편이어서 그렇게 조급할 필요가 없다. 그러나 그 이유가 전부는 아니다. 공공 부문에 뿌리박힌 관료주의와 비실용성도 이런 상황에 크게 일조하고 있다.

비정부조직

터키에서 NGO는 비교적 새로운 개념이며 아직까지 다른 유럽 국가에서처럼 힘을 발휘하지 못하는 실정이다. 터키는 국제기구와 협력해 시민활동을 촉진하고 강화해가야 할 것이다.

터키에 거주하는 외국인이라면 이런 NGO나 CSO(시민사회조직)에 가입해 관심 분야에 따라 자신의 지식과 전문성을 전해주는 것도 좋겠다. 앙카라에 있는 영국영사관은 NGO에

터키 내 주요 NGO와 CSO

- 실종자 가족 협회(Yakınlarını Kaybetmiş, Aileler Derneği)
- 여성 인권 협회(Kadın Hakları)
- 인권 협회(İnsan Hakları)
- 발칸 이민자 협회(Balkan Göçmenleri)
- 진보 언론인 협회(Çağdas, Gazeteciler)
- 시민 지진 협동 연합(Deprem için Sivil Koordinasyon)
- 표현의 자유 협회(Düşünce Özgürlüğü)
- 망명신청자/이민자 협회(Sığıınmacılar ve Göçmenler)
- 아동 학대 방지 협회(Çocuk İstismarını Önleme)
- 재소자 가족 지원 협회(Tutuklu Aileleriyle Yardımlaşma)

관한 안내 책자를 만들고 있으며 아래의 웹사이트를 방문하면 인터넷 링크를 통해서도 이 조직들에 관해 자세한 정보를 찾을 수 있다. http://www.britishcouncil.org.tr.

기술

1, 2차 세계대전 이후, 터키의 경제는 기술 진보를 따라갈 형편이 아니었고 아주 오랫동안 수입도 이루어지지 않았다. 1968년에 텔레비전이 처음 등장해 하루에 두 시간씩 시험방송을 내보냈을 때, 사람들은 상점 밖에 늘어서서 쇼윈도를 통해 경이로운 눈으로 TV 화면을 바라보았다.

오늘날은 상황이 달라졌다. 신기술에 대한 사람들의 관심이 워낙 높아서 새로운 물건이 발명되기가 무섭게 곧바로 터키로 수입된다. 신제품에 대한 열풍은 꼬리에 꼬리를 물고 이어진다. 너도나도 대문이나 현관문에 음악이 나오는 벨을 설치하고, 전화기에도 통화대기 음악이 흘러나오는 장치를 설치하던 때가 있었다. 그리고 지금 우리는 가정용 컴퓨터와 팩스, 휴대전화의 시대에 살고 있다. 위성 안테나와 케이블 덕분에 이제는 대도시의 교외건 아나톨리아 산악지역이건 모든 집안 거실에 세상 전체가 들어와 있다.

터키에서는 새로운 모든 것에 대한 갈증이 가실 줄 모른다. 몇 년 전에 조리기기와 냉장고, 세탁기 등을 생산하는 대형 가전제품 회사의 이사가 터키 시장에 전자레인지를 들여올 계획이라고 말했을 때, 솔직히 나는 고개를 갸우뚱했다. 냉동식품을 많이 소비하는 곳에서나 유용할 전자레인지 제품이 과연 신선한 재료로 직접 조리해 먹는 것을 좋아하는 터키 같은 나

꼼짝없이 갇히다

물론 가끔은 실망스러운 일이 벌어지기도 한다. 1995년에 한 TV 프로에서 이스탄불 시 당국이 이탈리아의 현대식 간이 화장실을 수입해서 여러 곳에 설치했다고 보도한 적이 있다. 그런데 화장실을 설치하고 첫 사용자가 테스트를 위해 들어가고 난 뒤에야 사람들은 이탈리아 돈을 넣어야 화장실 문을 다시 열 수 있다는 사실을 알게 되었다. 그래서 그 화장실 사용자는 사람들이 근처에 있던 이탈리아 관광객을 찾아 동전을 얻어낼 때까지 비좁은 화장실에 갇혀 있어야 했다.

라에서도 인기가 있을지 의심스러웠기 때문이다. 그런데 오늘날 전자레인지는 형편이 되는 모든 가정의 부엌 한쪽을 보란 듯이 차지하고 있다. 사람들은 전자레인지로 요리도 하고 빵도 굽고 커피까지 만들어 먹는다.

그런 신기한 제품이 잘못되면 문제가 발생한다. 기술을 수입하는 것과 유지보수 및 수리 서비스를 제공하는 것은 다른 문제다. 사실 후자가 훨씬 더 힘들다. 나는 이런 주제가 나올 때마다 예전에 아파트 승강기 옆에 붙어있던 경고문이 떠오른다. 경고문에는 이렇게 적혀 있었다. "이 승강기는 고장입니다. 가장 가까이에 있는 정상 승강기는 길 건너편 건물에 있습니다."

10

터키 속성 노트

우리나라와 세계에 평화가 깃들기를!

– 무스타파 케말 아타튀르크

• 터키 국가 정보 •

공식 명칭 터키 공화국

수도 앙카라

국기 빨간 바탕에 하얀 초승달과 오른쪽에 별 문양

국가 İstiklal Marşı(독립행진곡)

시간 그리니치표준시 + 2시간. 여름에는 서머타임 때문에 한 시간이 앞당겨진다. 한국보다 6시간 늦다.

국제전화 국가식별번호 90

국토 터키 국토는 일부는 유럽 남동부, 일부는 아시아 남서부에 걸쳐있다. 인접 국가로는 북서쪽에 있는 그리스와 불가리아, 그리고 북동쪽에서 남쪽으로 이어지는 긴 국경선을 따라 조지아와 아르메니아, 이란, 이라크, 시리아가 있다. 또한 지중해를 사이에 두고 남쪽에 있는 키프로스도 터키의 인접 국가 중 하나다. 터키의 해안 지역은 에게 해와 지중해에 접해있으며 북쪽으로는 흑해가 있다.

면적 78만 3562 평방킬로미터

최고봉 아라라트 산(5166m)

기후 여름에는 고온건조, 겨울 온난다습

천연자원 안티몬, 중정석, 붕산염, 천청석, 크롬, 점토, 석탄, 구리, 금강사, 장석, 금, 수력, 철광석, 석회석, 마그네사이트, 대리석, 수은, 진주암, 속돌

인구 8069만 4485명(2013년 기준)

인종 터키인과 쿠르드인 및 기타 소수민족

종교 대부분 이슬람교

공식 언어 터키어

정부 구조 의회민주주의

행정구역: 81개 주

아다나Adana, 아드야만Adıyaman, 아프욘카라히사르Afyonkarahisar, 아리Ağrı, 악사라이Aksaray, 아마시아Amasya, 앙카라Ankara, 안탈리아Antalya, 아르다한Ardahan, 아르트빈Artvin, 아이든Aydın, 발르케시르Balıkesir, 바르튼Bartın, 바트만Batman, 바이부르트Bayburt, 빌레지크Bilecik, 빙괼Bingöl, 비틀리스Bitlis, 볼루Bolu, 부르두르Burdur, 부르사Bursa, 차나칼레Çanakkale, 찬크르Çankırı, 초룸Çorum, 데니즐리Denizli, 디야르바크르Diyarbakır, 뒤즈제Düzce, 에디르네Edirne, 엘라지Elazığ, 에르진잔Erzincan, 에르주룸Erzurum, 에스키셰히르Eskişehir, 가지안테프Gaziantep, 기레순Giresun, 귀뮈샤네Gümüşhane, 하카리Hakkari, 하타이Hatay, 이드르Iğdır, 이스파르타Isparta, 이스탄불İstanbul, 이즈미르İzmir, 카흐라만마라쉬Kahramanmaraş, 카라뷔크Karabük, 카라만Karaman, 카르스Kars, 카스타모누Kastamonu, 카이세리Kayseri, 킬리스Kilis, 크르칼레Kırıkkale, 크르클라렐리Kırklareli, 크르셰히르Kırşehir, 코자엘리Kocaeli, 코니아Konya, 퀴타히아Kütahya, 말라티아Malatya, 마니사Manisa, 마르딘Mardin, 메르신Mersin, 물라Muğla, 무쉬Muş, 네브셰히르Nevşehir, 니데Niğde, 오르두Ordu, 오스마니예Osmaniye, 리제Rize, 사카리아Sakarya, 삼순Samsun, 샨르우르파Şanlıurfa, 시르트Siirt, 시노프Sinop, 슈르나크Şırnak, 시바스Sivas, 테키르다Tekirdağ, 토카트Tokat, 트라브존Trabzon, 툰젤리Tunceli, 우샤크Uşak, 반Van, 얄로바Yalova, 요즈가트Yozgat, 종굴다크Zonguldak

통화 터키리라(TRL)

국내총생산(GDP) 8518억 달러(2013년 기준)

농산품 감귤류, 면화, 곡류, 올리브, 콩류, 사탕무, 토마토

기타 생산물 축산물

산업 건설, 식품 가공, 제재, 광업, 제지, 석유, 강철, 섬유

수출 의류, 식자재, 금속제품, 섬유, 운송장비

수입 화학제품, 연료, 기계류, 반제품, 운송장비

공항 약 119곳이 있고 그중 포장 활주로가 있는 곳은 87곳. 가장 큰 국제공항은 앙카라에 있다.

• 터키계 유명 인물 •

무스타파 케말 아타튀르크(1881~1938): 근대 터키의 창시자

이딜 비레트(1941~): 세계적인 쇼팽 전문 피아니스트

아흐멧 에르테귄(1923~2006): 애틀랜틱 레코드 창립자. 레이 찰스와 드리프터즈, 아레스 프랭클린, 비지스, 믹 재거 등의 유명 가수들을 배출했다.

나짐 히크메트(1902~1963): 터키의 대표적인 혁명 시인

페르잔 외즈페텍(1959~): 이탈리아에서 활동하고 있는 유명한 터키계 영화감독

오르한 파묵(1952~): 유명한 터키 소설가로, 그의 작품은 40여 개 언어로 번역되었고 2006년 노벨문학상을 비롯해 전 세계에서 많은 상을 수상했다.

메흐멧 외즈: 컬럼비아 대학 심장수술 전문의로, 1999년 세계경제포럼에서 '차세대 글로벌 리더'로 선정되고 「뉴요크」지가 선정한 베스트닥터 명단에 이름을 올렸다.

피리 레이스(1465~1554): 유명한 세계지도를 남긴 오스만 제국 시절의 해군 제독

미마르 시난(1489~1588): 놀라운 작품들로 16세기 오스만 제국의 영광에 기여한 위대한 건축가

술레이만 1세(1520~1566): 오스만 제국의 전성기를 이끈 술탄

타르칸(1972~): 터키적인 요소와 팝적인 요소를 접목한 음악으로 유명한 가수

나일 술레이마놀루(1967~): 올림픽 금메달을 세 차례나 수상하는 기록을 세운 레슬링 선수

• 공통 약어 및 표시 목록 •

Açık	개점	KDV	부가가치세
Kapalı	폐점	PTT	우체국
Apt.	아파트	Sigara içilmez	금연
Giriş	입구	Sk. 또는 Sok.	길
Çıkış	출구	TC	터키 공화국
Cad.	대로	WC	화장실
Dikkat!!!	주의!	Meşgul	사용 중
Çimlere basmayin	잔디에 들어가지 마시오		
Okul	학교 주변 조심 운전		

• 가볼 만한 명소 •

아스펜도스: '터키의 리비에라'로 알려진 안탈리아에 인접한 1만 5000석 규모의 고대 원형 극장. 가장 잘 보존된 고대유적 중 하나다.

아라라트 산: 터키 동북단 아르메니아 국경 지역에 위치한, 사철 만년설이 덮여있는 화산 봉우리

에페수스: 터키에서 가장 유명한 고대 유적. 에게 해 연안에 있다.

카파도키아의 기암괴석과 요정의 굴뚝: 무른 화산암이 풍화하며 형성된 절경. 지하 도시와 동굴 교회를 볼 수 있다.

넴루트 산: 터키 남동쪽 아드야만에서 84km 거리에 있는 산. 정상에 있는, 기원전 64~38년에 만들어진 능묘와 석상이 유명하다.

윌뤼 데니즈: 페티예 근처의 해변. 아름다운 푸른 석호가 있다.

파묵칼레: 목화의 성. 칼슘염을 함유한 온천이 만들어낸 종유석과 천

연 연못들이 절경을 빚어낸다.

성모 마리아의 집: 성모 마리아가 살았다고 전해지는 집으로, 셀추크에 있는 에페수스 유적지 가까이에 있다. 올리브 나무에 둘러싸인 전형적인 로마 건축 양식의 석조 건물이다.

트로이: 그리스 전설에도 등장하는 고대 도시. 기원 전 3000년에 형성되었으며 다르다넬스 해협에서 30km 거리에 위치해있다.

울루다: 부르사 근처에서 가장 인상적인 명소로, 산악 스키와 스키여행, 크로스컨트리, 헬기 스키 등을 즐기기에 최적인 장소다. 겨울 평균 적설량이 3m에 달해서 연중 120일 동안 겨울 스포츠를 즐길 수 있다.

문 · 화 · 퀴 · 즈
CULTURE QUIZ

지금까지 터키의 생활양식에 대해 살펴보았으니, 이제 퀴즈로 지식을 테스트해보자. 터키 문화의 기본 요소들만 고려하면 해결하지 못할 문제는 거의 없다. 오랜 문화 통합의 역사와 지리적 위치, 터키인들의 넉넉한 인심. 이런 것들이 있어 터키 여행은 그 무엇보다 가치 있는 경험이 될 것이다.

CASE 1

당신의 집에서 크리스마스파티를 시작하기 직전에, 아래층에 사는 이웃이 어머니가 돌아가셔서 파티에 참석할 수 없다며 사과한다. 이럴 때 어떻게 하겠는가?

A. **카드와 꽃다발을 보내 조의를 표시한 다음 아무 일도 없었다는 듯 파티를 준비한다.**

B. **파티를 취소한다.**

C. **파티를 취소하지는 않지만 손님들에게 최대한 조용히 있어달라고 부탁한다.**

조언 터키에서는 상을 당한 사람을 무척 존중하고 배려한다. 존중의 표시로 음악이나 춤이 동반되는 행위는 피한다. 당신이 파티를 열더라도 손님들은 아마 TV를 켜는 것조차 자제할 것이다. 물론 B를 고려할 수도 있지만 그것이 여의치 않은 경우는 당연히 C가 적절한 행동이 될 것이다.

CASE 2

식료품점에 갈 때마다 가게 주인은 터키 물건이 세상에서 가장 값싸고 좋은 물건이라고 말하고, 자기 가게에서 사는 모든 물건이 당신의 나라 물건보다 훨씬 질이 좋다고 주장한다. 한두 번은 그러려니 했는데 갈 때마다 은근히 즐기는 태도로 앵무새처럼 똑같은 말을 반복하는 것을 보니 슬슬 신경이 거슬리기 시작한다. 이럴 때는 어떻게 하겠는가?

A. 그런 의미 없는 비교를 듣고 있을 시간도 인내심도 없으니 입 다물고 물건이나 달라고 말한다.

B. 조금 멀더라도 조용한 가게 주인을 찾아 단골을 바꾼다.

C. 사실이야 어떻든 게임을 즐기듯, 내 나라에서라면 이 값 주고 이렇게 좋은 물건을 사지 못했을 거라며 오히려 주인 말에 맞장구를 쳐준다.

조언 모든 터키인의 피에는 국가적 자긍심이 넘쳐흐르기 때문에 단순히 단골 가게를 바꾼다고 일이 해결되지 않는다. 또한 그 문제로 언쟁을 벌이는 것도 도움이 안 된다.

터키인이 유머감각이 없는 편은 아니지만 국가적 · 문화적 문제에 대해 너무 대놓고 농담을 하거나 터키 제품을 놓고 빈정거리거나 비웃는 것은 위험하다. 가장 좋은 방법은 국가적 문제와 관련한 터키인들의 민감한 태도를 존중하는 법을 배우는 것이며, 그러다 보면 아마 스스로도 즐길 방법을 찾을 수 있을 것이다.

이런 점들을 고려하면 가장 좋은 선택은 C가 될 것이다.

◎ CASE 3

당신은 가사도우미로 입주한 아가씨가 아파트 관리인의 동생과 사귄다는 사실을 알게 되었다. 그렇다고 집안일에 지장을 받는 것은 아니지만 혹시라도 세입자들의 입방아에 오르면 문제가 복잡해질 것 같다. 이럴 때는 어떻게 하겠는가?

A. **자신은 이 관계를 절대 반대하며, 관계를 정리하지 않으면 집으로 돌려보내겠다고 경고한다.**

B. **그녀에게 다시 기회를 주지 않고 즉시 부모에게 돌려보내며 이유를 알려준다.**

C. **어차피 그녀는 성인이고 남는 시간에 뭘 하든 상관없으므로 그냥 못 본 척한다.**

조언 애초에 아가씨의 부모가 딸을 당신에게 보냈을 때는 당신이 '제2의 부모' 역할을 해줄 것을 기대했을 것이고, 대부분의 부모는 나이에 상관없이 딸이 연애를 하는 것을 용납하지 않는다.

따라서 C는 다른 나라에서는 가장 일반적인 행동일 수도 있지만 이 나라에서는 절대 적절한 행동이 아니다.

이런 상황에서는 어느 정도 깊은 관계냐에 따라 즉시 해고하거나 해고 전에 경고하거나 둘 중 하나를 선택해야 한다. 그렇게 하면 연애 사실이 모두에게 알려져도 나중에 아가씨의 부모에게 원망을 들을 일이 없을 것이다.

◎ CASE 4

당신이 새로운 아파트로 방금 이사를 왔다고 가정해보자. 옆집 이웃이 세 자녀를 데리고 찾아와서 꼬치구이 접시를 내민다. 성의는 고맙지만 당신은 채식주의자다. 게다가 당신은 그런 대가족과 갑자기 친교를 맺는 것이 조금 부담스럽다. 이럴 때는 어떻게 하겠는가?

A. **대단히 고마워하는 것처럼 음식을 받아서 적절한 방법으로 처리한 뒤 빈 접시를 돌려준다.**

B. **친절은 감사하지만 채식주의자여서 받을 수 없다고 말한다.**

C. **집에 먹을 것이 잔뜩 있으니까 다른 사람에게 주는 것이 좋겠다고 말한다.**

조언 동네에 누군가 이사를 오면 음식을 들고 찾아가는 것은 터키의 오랜 관습이다. 이사 당일에는 정신이 너무 없어서 식사를 직접 준비할 시간도 재료도 없을 것이라는 배려에서 나온 행동이다.

B를 선택해 채식주의자라는 이유로 음식을 거절한다면 그 이웃은 꼬치구이를 도로 가져가겠지만 당신을 위해 수고스럽게 다시 채소 요리를 만들어 올 것이다. 또는, 필요 없다는 이유로 음식을 거절하며 다른 사람에게 주라고 제안하는 것은 큰 모욕이므로 절대 피해야 한다.

이 상황에서 가장 적절한 처세 방법은 A이지만, 여기서 주의할 것이 있다. 그냥 빈 접시를 돌려주지 말고 사탕이나 초콜릿, 비스킷 등 간단한 음식을 담아서 보내야 한다.

◎ CASE 5

당신이 고대 유적을 관람하고 있는데 갑자기 노점상이 다가와 고대 유물로 보이는 흉상을 떠안기며 "비르 밀리온"이라고 말한다. 통역이 없어도 노점상이 그 흉상을 100만 리라라는 '평생 다시없을 가격'에 팔려는 것임을 쉽게 이해할 수 있다. 그런데 문제는 당신이 그 물건에 관심이 없다는 것이다. 이럴 때 어떻게 하겠는가?

A. **땅에 내려두고 가버린다.**

B. **상인을 떼어낼 속셈으로 가격을 왕창 깎아 "50만 리라"라고 말한다.**

C. **단호하게 싫다고 말하고 흉상을 상인에게 돌려준다.**

조언 당신이 흉상을 돌려준다고 상인이 순순히 받을 거라는 보장이 어디에 있는가? 그는 어떻게든 받지 않으려 할 것이다. 어쩌면 물건을 돌려주는 것보다 돈을 지불하는 편이 차라리 더 쉬울지도 모른다. 따라서 C는 좋은 해결책이 아니다.

B처럼 가격을 절반으로 깎는다면, 상인은 당신이 그 물건에 관심이 있어서 흥정을 벌인다고 오해할 것이다. 그래서 그 가격을 받아들이고 당신이 지갑을 꺼내기를 기다리는 경우가 생길 수 있다.

이런 상황에서 기억해야 할 가장 중요한 사실은, 고대 유적지는 실제로 골동품이 판매될 수도 있는 위험한 곳이라는 점이다. 그리고 그런 물건을 구입하는 것은 불법이다.

물론 무례한 방법이긴 하지만, 그래도 가장 안전한 선택은 물건을 땅에 놓고 가버리는 A가 될 것이다.

CASE 6

당신이 택시에 타서 기사에게 주소가 적힌 종이를 보여주자 택시가 출발한다. 그런데 잠시 뒤 택시 기사가 행인을 붙들고 길을 묻는다. 그가 길을 모르는 게 분명한 것 같다. 이럴 때는 어떻게 해야 할까?

A. 당장 택시를 세워 요금을 지불한 뒤 다른 택시를 잡는다.

B. 기사가 길을 찾도록 내버려두고 행선지에 도착했을 때 미터기 요금에서 일정 금액을 제하고 지불한다.

C. 기사에게 인근 경찰서에 데려다달라고 해서 신고한다.

조언 물론 이 중에 이상적인 해결책은 없다. A를 선택한다면 직업의식 없는 기사에게 보상을 하는 격이다.

그렇다고 C를 선택한다면, 물론 기사가 거절할 가능성이 높지만 만일 그렇게 한다고 가정할 경우, 당신은 기사를 벌줄 수 있겠으나 그러려면 몇 시간 동안 경찰서에 붙들려 있어야 한다.

B를 선택해서 기사에게 여러 차례의 시도 끝에 마침내 주소지를 찾게 할 수도 있겠지만 미터기 요금보다 돈을 적게 주려면 한바탕 실랑이를 벌일 각오를 해야 한다.

이 모든 상황을 피하려면 택시를 타기 전에 기사에게 길을 아는지 확실히 물어보는 것이 최선이다.

◎ CASE 7

중요한 손님을 저녁 식사에 초대했는데 갑자기 정전이 되었다. 창밖을 내다보니 길 건너에 사는 남자가 거실에 앉아 차를 홀짝이며 TV로 축구 경기를 즐기고 있다. 이럴 때 어떻게 하겠는가?

A. 아파트 관리인을 불러 전원 장치를 수리해 달라고 한다.

B. 촛불을 켜고 공구상자를 찾아 전원 장치를 직접 고친다.

C. 그 지역 일대가 정전이라고 생각하고 전기가 다시 들어올 때까지 기다린다.

조언 터키에서는 전기와 수도 공급이 안정적이지 않아서 사람들은 늘 정전과 단수에 대비한다. 많은 사람들이 빈 통에 여분의 물을 받아놓고 양초가 없는 집을 찾기 어려울 정도이다.

건너 편 집은 문제가 없는 것을 봤으니 C처럼 하면 어리석게 보일지도 모르지만, 터키에서는 정전과 단수가 워낙 지엽적으로 발생하기 때문에 길 이쪽과 저쪽의 상황이 다를 수 있다.

아파트 관리인이나 같은 동 주민을 불러 정전이 당신 집만의 문제인지, 아니면 지역 전체의 정전인지를 확인할 수는 있다. 그러나 지역 전체의 정전이라면 양초를 켜고 전기가 다시 들어올 때까지 얌전히 기다리는 것 말고는 달리 할 수 있는 일이 없다.

◎ CASE 8

신년 전야에 당신은 한 터키 회사 간부가 명함과 함께 보낸 멋진 시계를 받았다.

그런데 마침 당신은 그와 사업상 협상 중이기 때문에 입장이 참 난처하다. 선물을 받자니 뇌물을 받은 것처럼 그의 조건을 받아들여야 할 것 같고, 거절하자니 그 회사와의 사업적 관계를 망치게 될 것 같다. 이럴 때는 어떻게 해야 할까?

A. 시계를 받되 그것과 무관하게 사업상의 결정을 내린다.

B. 선물을 돌려주며 거래처에서 이런 값비싼 선물을 받는 것은 개인적인 양심과 회사 정책에 위배된다고 말한다.

C. 시계를 받고 그 회사에 유리한 쪽으로 거래를 종결한다.

조언 터키의 기업들, 그중에서도 특히 이스탄불의 기업들은 신년에 인상적인 선물을 보내는 것이 일반적이다. 스위스 초콜릿 상자에서부터 예쁜 바구니, 값비싼 술에서 크리스천디오르 넥타이와 커프스단추에 이르기까지 그 종류도 다양하다.

이 시기에 시계를 받았다면 같은 맥락의 선물일 것이며 꼭 어떤 개인적인 의도가 있어서라고 볼 필요는 없다. 아마도 다른 많은 사람들이 똑같은 시계를 받았을 것이다. 그러므로 이런 상황에서 최선의 선택은 역시 A가 될 것이다.
선물을 돌려주는 것은 모욕으로 간주되므로 피해야 한다.

해야 할 것과 하지 말아야 할 것

DO'S AND DON'TS

식탁에서

Do »»»

- 차를 더 마시지 않을 생각이면 숟가락을 찻잔 위에 올린다.
- 식사를 다 마친 후에는 이를 표시하기 위해 나이프와 포크를 접시 가운데에 서로 엇갈리게 놓는다.
- 식사와 함께 반주를 곁들일 때는 마시기 전에 잔을 부딪칠 것. 그러나 안주인이 가장 값비싼 유리잔을 준비했을 가능성이 크므로 조심스럽게 부딪쳐야 한다. 잔이 깨지면 안주인의 마음도 깨질 테니 말이다.

Don't »»»

- 다른 사람이 초대한 식사 자리에서 식대를 계산하겠다고 나서지 않는다.
- 엄격한 이슬람교도인 터키 손님에게는 돼지고기나 소시지, 살라미, 고기 파이 등 돼지고기로 만든 요리를 권하지 않는다.

방문할 때

Do »»»

- 안주인을 위한 작은 선물을 준비한다. 방문 선물로는 주로 초콜릿과 꽃을 가져가고 와인이나 술은 가져가지 않는다.
- 집에 들어갈 때 신을 벗어야 할지 물어본다. 많은 주부들이 손님을 위해 여분의 슬리퍼를 준비해 두고 있다.

Don't »»»

- 안주인이 겉옷 입는 것을 도와주면 극구 사양하지 않는다.
- 집에서 나가면서 슬리퍼를 엇갈리게 벗어놓지 않는다. 터키인들은 그런 행동이 집에 액운을 가져온다고 믿는다.

일상생활에서

Do »»»

- 바이람 축일에 아이들이 찾아와 손에 입을 맞추면 돈을 준다. 마찬가지로 우편배달부와 경비원, 야간 경비, 그리고 라마단 때는 북치는 사람이 찾아올 때도 팁을 준다.
- 웨이터와 벨보이, 미용사에게도 팁을 주되, 택시 기사에게는 주지 않는다.
- 사업 상의 만남이나 결혼식, 장례식 등의 중요한 행사에서는 휴대전화를 꺼놓는다.
- 유부녀에게 춤을 신청할 때는 남편에게 먼저 허락을 구한다. 남편은 당연히 허락하겠지만 이렇게 함으로써 자신이 그 부인에게 사심이 없음을 보여주는 것이다.
- 공무원이나 지역 당국과 처리할 일이 있을 때는 시간 여유를 많이 둔다.
- 유기견이나 길고양이는 접종을 하지 않아서 위험할 수 있으니 조심한다.
- 어느 길로 가야 할지 모를 때는 길을 물어본다. 터키 사람들은 언제나 도와줄 준비가 되어 있다.

Don't »»»

- 터키인들은 조롱당한다고 느끼면 쉽게 발끈하므로 친구들이 실수를 했을 때 웃지 않는다.
- 라마단 기간에는 레스토랑을 제외한 공공 구역에서 음식을 먹거나 음주 · 흡연을 하지 않는다. 자칫하면 지각없는 사람으로 비칠 수 있다.
- 여성이라면 길에서 들리는 휘파람소리를 무시한다. 괜히 반응을 보였다가는 부추기는 꼴이 될 뿐이다.
- 음용수인지 확인하기 전에는 수돗물을 마시지 않는다.
- 바이람이나 신년 전야 같은 특별한 날에 식당의 음식 가격과 택시 요금이 평소와 같을 거라 기대하지 말라.

인사할 때

Do »»»

- 신생아의 부모에게 덕담하기 전에 "마샬라"라고 말한다.
- 맨 처음 가장 연장자에게 인사를 시작해 나이나 지위 순으로 차례를 지켜서 한다.

Don't ››››
- 음식이나 물건 등을 권했는데 상대가 한 번 사양했다고 단번에 포기하면 안된다. 터키 사람들은 두 번 권유가 있을 것이라고 예상해 첫 번째 권유는 일단 사양하는 것이 보통이다.
- 우정의 표시로 준 선물에 돈을 지불하려 하지 말 것.
- 직접 건네지 않고 의자에 둔 선물은 그 자리에서 열어보지 않는다.
- 친구에게 빌린 것을 눈에 보이게 돌려주지 않는다. 예를 들어 돈을 빌렸다면 봉투에 넣어서 주고, 먹을 것은 뚜껑을 덮어서 준다.

대화할 때

Do ››››
- 터키에 가기 전에 터키어 몇 마디는 배워둔다. 터키인들 대부분은 영어를 할 줄 알지만 외국인이 터키어를 하면 점수를 딸 수 있다.
- 화제를 조심스럽게 선택하고 국가적 성향이나 관습에 대한 비판은 삼간다.

Don't ››››
- 다른 터키인이 있을 때 터키인의 말실수를 지적하는 것은 무례한 일이므로 하지 않는다.
- 상대 축구팀 지지자에게 불쾌한 언사를 삼간다. 터키인들 중에는 광적인 축구 팬들이 많다.
- 광고판에 나온 내용이 옳은지 묻는 것을 창피하게 여기지 않는다. 가끔 광고판에서 지나간 정보가 나오는 경우도 있다.

옷을 입을 때

Do ››››
- 여성의 경우 장례식에서 머리에 모자나 스카프를 써야 한다.

Don't ››››
- 장례식에서 밝은 색 옷을 입지 않는다.

종교에 관하여

Don't ››››
- 이슬람 사원에 갈 때는 반바지나 샌들을 신지 않는다. 다른 성스러운 장소에 들어갈 때도 몸을 제대로 가려야 한다.

- 이슬람 사원 바닥에 앉거나 시끄럽게 굴지 않는다. 카펫이 깔린 실내로 들어갈 때는 신을 꼭 벗어야 한다.
- 터키인 친구들의 집에 크리스마스트리가 있다고 그들이 기독교인일 거라고 짐작하지 말 것. 터키에서는 새해를 맞는 기념으로 12월 중순부터 트리를 장식한다. 선물을 교환하고 가금류를 요리해 먹고 카드를 보내기도 한다.

커피숍에서

Do ››››

- 커피숍에서 사람들이 점괘를 읽어주겠다고 하면 흔쾌히 받아들여도 된다. 터키에서는 점을 보는 것이 유행이며 교육받은 사람들도 재미삼아 점을 보곤 한다.

Don't ››››

- 여성이라면 전통적인 찻집에 들어가지 않는다. 그런 곳은 남성전용 클럽과 마찬가지로 여성들이 환영받지 못한다.

운전할 때

Do ››››

- 언제든 브레이크를 밟을 준비를 할 것. 터키에서 운전하다 보면 돌발 상황이 난무한다.

Don't ››››

- 야간에는 장거리 운전을 피할 것. 밤 도로에는 피로에 절었거나 술에 취한 운전자들이 넘쳐난다.

대중교통을 탈 때

Do ››››

- 버스나 기차, 배에서 연장자가 서있으면 자리를 양보한다. 반대로 나이가 어린 승객에게서 자리를 양보 받을 수도 있다.
- 택시를 타고 가다가 언제든 세울 수 있음을 인지하라.

숫자

Bir	비르	1	Elli	엘리	50
İki	이키	2	Altmış	알트므쉬	60
Üç	위츠	3	Yetmiş	예트미쉬	70
Dört	되르트	4	Seksen	섹센	80
Beş	베쉬	5	Doksan	독산	90
Altı	알트	6	Yüz	위즈	100
Yedi	예디	7	Yüzbir	위즈비르	101
Sekiz	세키즈	8	Yüziki	위즈이키	102
Dokuz	도쿠즈	9	İkiyüz	이키위즈	200
On	온	10	Üçyüz	위츠위즈	300
Onbir	온비르	11	Bin	빈	1000
Oniki	온이키	12	İkibin	이키빈	2000
Yirmi	이르미	20	Üçbin	위츠빈	3000
Otuz	오투즈	30	Milyon	밀리온	100만
Kırk	크르크	40	İki milyon	이키 밀리온	200만

위에 나온 숫자들을 조합하면 이제 어떤 숫자도 터키어로 읽을 수 있다. 천 이상의 숫자는 천 단위, 백만 단위로 끊어서 읽는다. 몇 가지 예를 들어 보자.

88 (80 + 8)	Seksen sekiz	섹센 세키즈
135 (100 + 30 + 5)	Yüz otuz beş	위즈 오투즈 베쉬
3,549 (3,000 + 500 +40 + 9)	Üçbin beş yüz kırk dokuz	위츠빈 베쉬 위즈 크르크 도쿠즈
132,631 (132 × 1,000 + 631)	Yüz otuz iki bin, altı yüz otuz bir	위즈 오투즈 이키 빈, 알트 위즈 오투즈 비르
5,840,258 (5 × 1,000,000 + 840 × 1,000 + 258)	Beş milyon, sekiz yüz kırk bin, iki yüz elli sekiz	베쉬 밀리온, 세키즈 위즈 크르크 빈, 이키 위즈 엘리 세키즈

요일과 시간대

Pazartesi	파자르테시	월요일
Salı	살르	화요일
Çarşamba	차르샴바	수요일
Perşembe	페르쉠베	목요일
Cuma	주마	금요일
Cumartesi	주마르테시	토요일
Pazar	파자르	일요일
Bugün	부귄	오늘
Yarın	야른	내일
Dün	뒨	어제
Şimdi	쉼디	지금
Sonra	손라	나중에
Bu hafta	부 하프타	이번 주에

달

Ocak	오작	1월
Şubat	슈밧	2월
Mart	마르트	3월
Nisan	니산	4월
Mayıs	마이으스	5월
Haziran	하지란	6월
Temmuz	테무즈	7월
Ağustos	아우스토스	8월
Eylül	에일륄	9월
Ekim	에킴	10월
Kasım	카슴	11월
Aralık	아랄륵	12월

날짜를 쓸 때는 날짜와 월, 요일 순으로 쓴다. 예를 들어 1월 3일 목요일은 '3 Ocak Perşembe'로 표기한다.

정중한 표현

Lütfen	뤼트펜	~ 부탁합니다.
Rica ederim	리자 에데림	천만에요.
Teşekkür ederim	테셰퀴르 에데림	감사합니다.
Mersi	메르시	감사합니다.

인사말

Merhaba	메르하바	안녕하세요?
Günaydın	귀나이든	(오전) 안녕하세요?
İyi akşamlar	이이 악샴라르	(오후) 안녕하세요?
İyi geceler	이이 게젤레르	(저녁) 안녕하세요?

교통수단

Bilet	빌렛	승차권
Tek yön bilet	텍 왼 빌렛	편도 승차권
Gidiş-dönüş bilet	지디쉬-되뇌쉬 빌렛	왕복 승차권
Benzin istasyonu	벤진 이스타시오누	주유소
Park yeri	파크 예리	주차장
Kiralık araba	키랄륵 아라바	렌트카
Taksi	탁시	택시
Dolmuş	돌무쉬	미니버스
Otobüs	오토뷔스	버스
Tren	트렌	기차
Vapur	바푸르	여객선
Uçak	우차크	항공기
Otobüs durağı	오토뷔스 두라으	버스 정류장
Gar	가르	기차역
İskele	이스켈레	선착장
Havaalanı	하바알라느	공항
Bir bilet istiyorum	비르 빌렛 이스티요룸	승차권을 주세요.
Bu adrese nasıl gidebilirim?	부 아드레세 나슬 기데빌리림?	이 주소로 어떻게 가야 합니까?
Pera Palas oteli nerede?	페라 팔라스 오텔리 네레데?	페라팔라스 호텔이 어디입니까?

숙박

Oda	오다	방
Ev	에브	집
Kat	카트	아파트
Kira	키라	임대
Kira kontratı	키라 콘트라트	임대 계약
Tek kişilik oda	텍 키쉴릭 오다	원룸
Çift kişilik oda	치프트 키쉴릭 오다	투룸
Üç kişilik bir oda istiyorum	위츠 키쉴릭 비르 오다 이스티요룸	방 세 개짜리를 원합니다.
Tek kişilik oda kaça?	텍 키쉴릭 오다 카차?	원룸은 얼마입니까?
Bu evin kirası ne kadar?	부 에빈 키라스 네 카다르?	이 집의 임대료는 얼마입니까?

레스토랑

Masa	마사	테이블
Garson	가르손	웨이터
Hesap	헤사프	계산서
Salata	살라타	샐러드
Çorba	초르바	수프
Meze	메제	전채
Ana yemek	아나 예메크	메인코스
Tatlı	타틀르	디저트
Meyva	메이바	과일
Su	수	물
Bira	비라	맥주
Şarap	샤라프	포도주
Viski	비스키	위스키
Çay	차이	차
Kahve	카흐베	커피
Neskafe	네스카페	인스턴트커피
Soğuk	소우크	찬(음료)
Sıcak	스자크	온(음료)
Buzlu	부즐루	얼음 포함

Şekerli	세케를리	설탕 첨가
Bir çorba istiyorum	비르 초르바 이스티요룸	스프를 원합니다.
İki kola verir misiniz?	이키 콜라 베리르 미시니스?	콜라 두 잔 주시겠어요?
Bir salata getirin lütfen	비르 살라타 게티린 뤼트펜	샐러드를 주세요.

돈

Para	파라	돈
Bozuk para	보주크 파라	잔돈
Kambiyo	캄비요	환전
Kredi kartı	크레디 카르트	신용카드
Banka	방카	은행
Çek	체크	수표
100 dolar değiştireceğim	위즈 돌라 데이쉬티레제임	100달러를 환전하고 싶습니다.
Bu seyahat çekini değiştirmek istiyorum	부 세야하트 체키니 데이쉬티르멕 이스티요룸.	여행자 수표를 환전하고 싶습니다.

쇼핑

Kasa	카사	현금 인출기
Pahalı	파할르	비싼
Ucuz	우주즈	싼
Bedava	베다바	무료
Sigara satıyor musunuz?	시가라 사트요르 무수누즈?	담배를 판매합니까?
Bozuğunuz var mı?	보주우누즈 바르 므?	거스름돈이 있습니까?
Bir parfüm almak istiyorum	비르 파르퓜 알막 이스티요룸	향수를 사고 싶습니다.
Bu kaç lira?	부 카츠 리라?	터키 리라로 얼마입니까?
Nereye ödeyeceğim?	네레예 외데예제임?	어디에서 계산해야 합니까?

사고 및 응급상황

Doktor	독토르	의사
Hasta	하스타	환자
Eczane	에자네	약국
Reçete	레체테	의사의 처방전
Ambulans	암불란스	앰뷸런스
Polis	폴리스	경찰
Avukat	아부카트	변호사
İmdat!	임다트!	도와주세요!
Arıza	아르자	고장
Lütfen yardım edin	뢰트펜 야르듬 에딘	제발 도와주세요.
Lütfen polis çağırın	뢰트펜 폴리스 챠으른	경찰을 불러주세요.
Arabam bozuldu	아라밤 보줄두	자동차가 고장 났습니다.
Benzinim bitti	벤지님 비티	연료가 떨어졌습니다.
En yakın hastane nerede?	엔 야큰 하스타네 네레데?	가까운 병원이 어디 있습니까?
Kalp problemim var	칼프 프로블레밈 바르	심장질환이 있습니다.
Bu ilacı almak istiyorum	부 일라즈 알막 이스티요룸	이 약을 사고 싶습니다.
Pasaportum çalındı	파사포르툼 찰른드	여권을 도난당했습니다.

인터넷 검색

터키에서 가장 인기 있는 검색 엔진은 다음 두 가지이다. 전국의 인터넷 카페와 주요 호텔에서 월드와이드웹에 접속이 가능하다.

www.turk.net www.turkport.com

정부 사이트

- 보건부 www.saglik.gov.tr
- 외무부 www.mfa.gov.tr
- 재무부 www.maliye.gov.tr
- 중앙은행 www.tcmb.gov.tr
- 국제무역청 www.foreigntrade.gov.tr

관광 관련

터키 문화관광부 홈페이지에서 유용한 정보를 제공한다. 터키어 외에 영어 지원이 된다. www.kulturturizm.gov.tr www.goturkey.com

터키 관광청 한국 홍보사무소에서 운영하는 블로그와 페이스북에서도 다양한 자료를 제공한다.

블로그 blog.naver.com/ilove_turkey

페이스북 www.facebook.com/goturkey.1004

한국 대사관

앙카라에 있는 터키 한국대사관의 연락처는 다음과 같다.

주소: Cinnah Caddesi Alacam Sokak No. 5 06690 Cankaya, Ankara, Turkey

전화: (312)468-4822~3

팩스: (312)468-2279

우체국

어느 도시에나 우체국이 많이 있으며 PTT라고 적힌 노란 간판 때문에 쉽게 찾을 수 있다.

숙박

장기 숙박 시설을 찾는 경우 부동산 중개소를 이용할 수 있다. 다음 사이트에서 부동산 중개소에 대한 정보를 찾을 수 있다.

www.worldwide-tax.com/turkey/turrealestate.asp

응급 전화

앰뷸런스	112	전화번호 문의	118
전기 수리	186	직업소개소	180
화재	110	가스 정비	187
보건 문의	184	국제전화 안내	115
경찰	155	PTT(우체국)	161
라디오/TV 수리	125	세금 문의	189
수도 수리	121		

의료 서비스

가까운 곳에서 제공되는 의료 서비스에 관해서는 동네마다 하나씩은 있는 지역 약국에 문의하면 된다. 동네마다 하루에 한 곳씩 24시간 문을 여는 당번 약국이 있다. 이에 관한 정보는 지역 신문의 Nöbetçi Eczane 난에서 찾을 수 있다.

치과

웬만한 큰 병원에는 치과가 있다. 개인 치과 진료에 관한 정보는 지역 약국이나 118번으로 전화를 걸어서 문의할 수 있다.

장애인 시설

터키에서 장애인을 위한 시설은 대체로 만족스럽지 못하다. 보드룸과 마르마리스를 비롯한 일부 관광지 거리에는 휠체어 경사로가 있지만 장애인 화장실은 거의 없다. 장애인을 위한 특별 무료 상담전화 서비스(Alo Özürlü Hattı)가 터키어로 제공되는데, 전화번호는 (0800)314-8300이다. 24시간 핫라인도 있지만 이 전화는 유료다((312) 419-8748). 교환원이 외국어를 말할 가능성은 거의 없다.

분실물 서비스

모든 공항과 기차역, 시외버스 터미널에 분실물 센터가 있다. 길이나 다른 공공 장소에서 물건을 잃어버렸으면 경찰서에 연락한다.

가사

터키에서는 아는 사람의 소개나 신문 광고를 통해 가정부를 구한다. 터키인들은 공동 세탁기에서 옷을 빨고 말리는 것을 싫어해서 빨래방은 인기가 없다.

육아 및 학교

아래 사이트의 'Kres ve Ana okullari'라고 표시된 카테고리에서 유아원 및 유치원

시설을 찾을 수 있다. www.arabul.com
재터키한인회 홈페이지에서도 육아와 학교, 구인구직 등에 관한 생활 정보를 찾아보고 공유할 수 있다. www.turkeykorean.net

쇼핑

앙카라와 이스탄불, 이즈미르 등 터키의 대도시들에는 저마다 유명한 시장과 대형 쇼핑몰이 즐비하다. 특히 여행자들이 꼭 찾아가는 이스탄불의 그랜드 바자르는 지붕이 있는 대형 시장으로 옛날 물건부터 최신 물건에 이르기까지 온갖 물건을 찾을 수 있는 곳이다. 가격이 싸기로 유명한 터키의 야외 바자르는 터키 전역의 거의 모든 동네에서 일주일에 한 번씩 열린다. 터키에서는 옷과 신발 등에 유럽식 치수를 적용한다.

세금 및 법률 조언

외무부 웹사이트에서 아서 앤더슨과 프라이스 워터하우스 터키 지사를 비롯해 국제법과 감사를 전문으로 하는 터키 내 모든 금융자문회사 목록을 찾을 수 있다.
www.mfa.gov.tr

터키 은행

• 중앙은행	Istiklal Caddesi 10, Ulus 06100, Ankara Tel: (312) 310-3646
• Akbank Sabanci Centre	4. Levent, 80745 Istanbul Tel: (212) 270-2666
• Türk Ticaret Bankası	Yildiz Posta C 2 Gayrettepe, 80280 Istanbul Tel: (212) 288-5900

외국 은행

터키 내 시티뱅크 지점은 다음 사이트에서 찾을 수 있다.
www.citibank.com/turkiye/en

대중매체

27개의 전국 신문과 400개 이상의 지역 신문이 있다. 구독자가 가장 많은 일간신문은 「휘리예트」「밀리예트」「사바흐」이다.

라디오 방송국도 국영 방송국이 36곳, 지방 방송국 107곳, 지역 방송국이 1030곳이나 있다. TRT3(FM 88.2)에서는 하루에 네 번 터키어와 영어, 독일어, 불어로 뉴스를 방송한다.

5개 TV 채널은 국가의 지원을 받고 있다(TRT1, TRT2, TRT3, TRT4, 남동부 지방의 GP-TV). 260개의 민영 TV 네트워크 중 16개는 전국 채널이고 15개는 지방, 229개는 지역 채널이다. 시청률이 가장 높은 민영 채널은 ATV와 Show TV, Star TV, Kanal 6, 그리고 Kanal D이다. 외국 채널은 케이블이나 위성을 통해 수신된다.

주

1. 라틴어로 에페수스(Ephesus), 터키어로 에페스(Efes), 성서에서는 에페소 또는 에베소(Epheso)라고 칭한다. 고대 그리스의 아테네에 의해 기원전 7~6세기에 건립된 도시로, 긴 역사 속에서 주변 도시 혹은 국가들(스파르타, 페르시아, 페르가몬, 로마 등)의 흥망성쇠에 따라 거듭 식민지화되는 과정을 거쳤다. 기독교 초기 역사에서 빼놓을 수 없는 도시로, 성모마리아가 마지막 생애를 보내고 12사도 중 한 명인 사도요한이 전도와 사목을 한 교회 중 하나가 에페소 교회였다.

2. 우리가 돌궐족이라 불렀던 투르크족이 오늘날 터키인의 뿌리다.

3. 키프로스는 그리스계와 터키계 주민이 섞여 사는 지중해 섬나라다. 1974년 키프로스에서 그리스와의 병합을 주장하는 쿠데타가 일어나자 터키는 군대를 보내 터키계 주민들이 주로 거주하는 키프로스 북부 지역을 점령했다. 이후 키프로스는 터키계인 북키프로스와 그리스계인 남키프로스로 나뉘어 사실상 분단국가가 되었다. 현재 남키프로스는 유럽연합에 가입되었지만 북키프로스는 터키만이 독립국으로 인정하고 있는 실정이다.

4. 지식인들의 염려와는 달리, 에르도안 총리는 2007년과 2011년 국회의원 선거에서 정의발전당의 승리를 거듭 이끌어냄으로써 사상 최초로 연속 3번이나 집권에 성공한 터키 총리가 되었다. 그리고 2016년에는 같은 당 비날리 을드름이 총리로 선출되었다.

5. 카라괴즈는 역사와 인간사를 직설적이고 풍자적인 대사로 풀어내는 터키 전통의 그림자극이다. 2009년 유네스코 인류무형문화유산으로 등재되었다. 카라괴즈 예술가를 '하얄리'라고 부르는데, 극에 등장하는 작품인형을 직접 제작하는 장인이면서 작가이고 음악감독이다. 연기와 노래를 직접하는 연기자이며 이 모든 것을 총괄하는 연출가이기도 하다.

6. 일종의 부적으로, 나자르 본주(Nazar boncuğu)라고 부른다. 가운데 하늘색은 악마의 눈을 상징하며, 그 주변에 이슬람 문화권에서 가장 좋아하는 파란색을 둘러 '악마의 눈을 가두었다'는 의미를 띤다.

7. 21세기 최초의 집단학살로 불리는 '아르메니아 대학살'에 관한 자료를 찾아보면 터키인들이 왜 이 주제를 피하고 싶어 하는지 알 수 있다. 2006년 노벨문학상을 받은 터키 작가 오르한 파묵은 이를 비판했다가 잡혀가 재판을 받았다. 프랑스를 비롯한 유럽의 많은 국가들은 터키의 아르메니아 학살 인정, 키프로스 침공에 대한 사과와 배상을 유럽연합 가입의 전제조건으로 삼고 있다.

8. 터키 대중음악의 한 종류다. 터키의 민속음악과 클래식 등에 뿌리를 두고 있으며, '아라베스크'라는 이름에서 느껴지듯 아랍 문화의 영향도 받았다고 알려진다. 서민들의 애환과 억압받은 슬픔을 노랫말에 표현하고 있으며, 보통은 춤을 추면서 따라 부른다.

9. 똑같은 음료를 그리스에서는 우조(Ouzo)라고 부른다.

10. 튤립이라고 하면 흔히 네덜란드를 떠올리지만 터키의 아나톨리아와 흑해 주변이 원산지다. 실제로 터키 전통 카펫이나 모스크와 궁전의 장식 타일 등에서도 튤립 문양을 쉽게 찾아볼 수 있다.

11. 옛 이름은 니케아(Nicaea). 기원전 4세기 마케도니아를 다스리던 안티코노스 1세가 건설한 도시로, 로마 시대 말기와 비잔틴 시대에 중심지로서 역할했다. 당시에 세운 총길이 4426m의 성벽들이 지금까지 남아 있다. 1331년에 오스만 제국에 정복되면서 이즈니크로 지명이 바뀌었고, 가까운 이스탄불이 오스만 제국의 중심지로 성장하면서 점차 쇠퇴했다. 16세기에는 최고급 타일 산지로 유명세를 떨쳤으나 그 명성도 이스탄불로 옮겨갔고, 지금은 소규모 시장 도시로 명맥을 유지하고 있다.

CultureShock! Turkey By Arın Bayraktaroğlu

세계를 읽다
터키

초판 1쇄 발행 2014년 6월 30일
2쇄 발행 2018년 9월 15일

지은이	아른 바이락타롤루
옮긴이	정해영
펴낸이	박희선
디자인	디자인 잔
마케팅	김하늘
사진	통로이미지(주), Shutterstock

발행처	도서출판 가지
등록번호	제25100-2013-000094호
주소	서울 서대문구 거북골로 154, 103-1001
전화	070-8959-1513
팩스	070-4332-1513
전자우편	kindsbook@naver.com

ISBN	979-11-952016-2-4 (04900)
	979-11-952016-5-5 (세트)

가지
KINDS
BOOK

도 서 목 록

가지가지 세상에서
괜찮은 한 가지를 찾아가는

●
책

도서출판 가지의 영문 이름은 'KINDSbook'입니다.
책의 다양성, 책의 넓이를 생각하며
한 권 한 권 기획 출간하는 1인출판사입니다.
'가지'라는 이름은 세계를 이루는 여럿 속의 하나,
단독으로 존재할 수 없지만 독보적인 색깔을 지닌 무엇을 뜻합니다.
그런 사람, 그런 생각, 그런 취향을 찾아서
우리 삶의 지평을 넓히는 책을 만들고자 합니다.

주목하는 테마는 여행, 도시, 생태, 윤리적인 삶이며
현대인의 변화하는 라이프스타일 전반에 관심을 둡니다.
우리 삶을 구체적으로 바꿔내는 데 힘이 될 쉽고 친절한 인문교양서,
스토리가 탄탄한 실용 콘텐츠를 꾸준히 소개하겠습니다.

도서출판가지 출간도서

1 **꽃바람 병수 씨** 김병수 지음 | 15,000원

2 **목포의 내일을 걷다** 김종익 지음 | 15,000원

3 **세계를 읽다 터키** 아른 바이락타롤루 지음, 정해영 옮김 | 16,000원

4 **작은 차 예찬** 박규철 지음 | 16,000원

5 **세계를 읽다 호주** 일사 샤프 지음, 김은지 옮김 | 16,000원

6 **세계를 읽다 프랑스** 샐리 애덤슨 테일러 지음, 정해영 옮김 | 16,000원

7 **에콜로지스트 가이드 푸드** 앤드류 웨이슬리 지음, 최윤희 옮김 | 13,500원

8 **에콜로지스트 가이드 패션** 루스 스타일스 지음, 정수진 옮김 | 13,500원

9 **세계를 읽다 이탈리아** 레이먼드 플라워, 알레산드로 팔라시 지음, 임영신 옮김 | 15,000원

10 **오늘은 빨간 열매를 주웠습니다** 황경택 지음 | 16,000원

11 **세계를 읽다 핀란드** 데보라 스왈로우 지음, 정해영 옮김 | 15,000원

12 **섬:살이** 김준 지음 | 16,000원

13 **세계를 읽다 독일** 리처드 로드 지음, 박선주 옮김 | 15,000원

14 **세계를 읽다 인도** 기탄잘리 콜라나드 지음, 정해영 옮김 | 15,000원

15 **몸을 씁니다** 플로랑스 비나이 지음, 박태신 옮김 | 13,500원

16 **꽃을 기다리다** 황경택 지음 | 16,000원

17 **세계를 읽다 두바이** 리나 아셔 지음, 서소울 옮김 | 15,000원

18 **부산(여행자를 위한 도시인문학)** 유승훈 지음 | 14,000원

19 **엄마, 나는 걸을게요** 곽현 지음 | 14,000원

20 **겨울정원** 김장훈 지음 | 17,000원

21 **인생은 간결하게** 쥐디트 크릴랑 지음 | 13,500원

22 **세계를 읽다 일본** 라이나 옹 지음, 정해영 옮김 | 15,000원

23 **내 안의 자연인을 깨우는 법** 황경택 지음 | 13,500원

24 **세계를 읽다 베트남** 벤 엔겔바흐 지음, 김아림 옮김 | 15,000원

그 문화 속으로, 인문여행

세계를 읽다 시리즈

세계를 읽다 독일

리처드 로드 지음 | 박선주 옮김 | 15,000원

탐욕과 파괴의 근대사를 거쳐 냉전시대에 40년 민족 분단까지 겪은 독일이 어떻게 유럽 경제의 중심으로 빠르게 도약할 수 있었는지 보여준다. 저자는 역사적 상처에서 여전히 회복 중인 독일인의 마음 읽기에 공을 들이며, 이들 사회에서 조금은 차별적인 '외국인'의 의미를 진단한다. 그리고 그런 문화 속에서 다양성의 일원으로 정착해 살아가는 데 필요한 조언을 해준다.

*'세계를 읽다' 시리즈는 영미권 최고의 세계문화 안내서 '컬쳐쇼크' 시리즈의 한국어판 제목이다.

세계를 읽다 프랑스

샐리 애덤슨 테일러 지음 | 정해영 옮김 | 16,000원

자전거로 여행하는 와인의 나라, 프랑스에 대한 가장 완벽한 문화 해설서이다. 와인 저널리스트로 활동하며 프랑스의 속살을 깊숙이 들여다본 저자가 썼다. 프랑스어를 배우고 프랑스인들과 일하는 최선의 방법, 파리지앵처럼 몸짓으로 소통하는 법이나 레스토랑에서 와인을 선택하는 요령에 이르기까지 프랑스에서의 삶에 필수적인 모든 주제를 다룬다.

세계를 읽다 이탈리아

레이먼드 플라워, 알레산드로 팔라시 지음 | 임영신 옮김 | 16,000원

시대의 천재들이 빚어낸 문화예술의 나라 이탈리아와 그 속에서 흥미로운 모순들에 감싸인 채 살아가는 이탈리아인에 대한 풍부한 해설이 담겼다. 피렌체, 로마, 나폴리, 베네치아 등 역사적인 도시들은 물론이고 지방의 작은 마을들까지 찾아가 지리, 음식, 건축, 문학, 인물에 얽힌 다채로운 이야기를 들려줌으로써 눈으로 보는 것보다 풍부한 문화적 체험을 선사한다.

세계를 읽다 핀란드

데보라 스왈로우 지음 | 정해영 옮김 | 15,000원

거의 탐험되지 않은 땅, 핀란드에 관한 재미난 특강과도 같은 책이다. 국토의 1/3이 북극권에 걸쳐 있는 지리적 조건, 독립국가로서 불과 100년이 안 된 역사, 인구 500만의 작은 나라가 어떻게 그토록 빠르게 다양한 분야에서 '세계 상위권'에 올라설 수 있었는지를 보여준다. 핀란드 사회가 중시하는 가치들을 비중 있게 다루며 현지 생활에 적응하기 위한 실용적인 팁도 가득 담았다.

세계를 읽다 인도

기탄잘리 콜라나드 지음 | 정해영 옮김 | 15,000원

신들의 질서가 지배하는 윤회의 땅, 인도에서의 삶과 정신을 이야기한다. 인도는 무려 4636개의 지역공동체, 325개의 언어, 7가지 이상의 종교를 가진 12억 인구가 모여 사는 거대 국가다. 지역마다의 많은 차이에도 불구하고 12억 인도인을 하나로 연결 지어주는 전통과 가치관에 주목하며 초기 인더스문명에서부터 영국 식민시대를 지나온 2천 년 역사를 되짚는다.

세계를 읽다 일본

라이나 옹 지음 | 정해영 옮김 | 15,000원

광기와 평화가 공존하는 낯익은 타국, 일본을 세계인의 시각으로 보게 하는 책이다. 어디서나 내집단과 외집단을 구분해 행동하는 일본인의 습성, 전형적인 세일즈맨의 모습과 매혹적인 미식 문화 등을 소개하며, 일본인이라면 누구나 좋아하는 온천 여행과 꽃놀이, 료칸 이용법, 그리고 복잡하기로 유명한 일본의 도시철도와 신칸센에 자신 있게 올라타 여행을 떠나도록 돕는다.

세계를 읽다 호주

일사 샤프 지음 | 김은지 옮김 | 16,000원

이민자의 땅, 모든 것이 반대인 남반구 나라, 호주에 적응하는 데 필요한 정보로 가득 차 있다. 호주의 대자연을 제대로 알고 즐기는 법은 물론이고 200여 년에 걸친 호주 개척사와 다문화주의가 빚어낸 생활문화까지 깊이 있게 담아냈다. 느긋하고 여유 넘치는 호주인의 겉모습뿐 아니라 그들이 세계인에 대해 갖고 있는 다양한 편견과 소중히 여기는 가치들도 엿볼 수 있다.

세계를 읽다 두바이

리나 아셔 지음 | 서소울 옮김 | 15,000원

'황금의 도시'라 불리는 두바이에서의 삶이 궁금한 사람들을 위한 현지 생활 지침서이다. 전 세계 금의 상당량이 거래되는 국제 비즈니스 거점인 두바이는 2020년 세계엑스포를 개최한다. 사막의 불볕더위를 이겨내는 법에서부터 이슬람식 인사법, 재래시장 '수크' 이용법, 사막 한복판에서 스키를 즐기는 법까지, 독특한 그들만의 문화에 대해 이방인이 알아야 할 모든 정보를 담았다.

세계를 읽다 베트남

벤 엔겔바흐 지음 | 김아림 옮김 | 15,000원

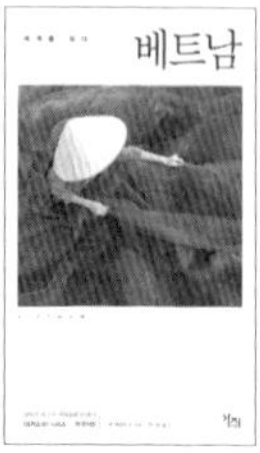

식민과 분단을 함께 겪은 동남아 통일 모델, 베트남의 역사와 문화를 조명한 책이다. 미국인인 저자는 베트남 전쟁 이후로 변화한 베트남의 모습을 있는 그대로 보여준다. 하노이, 사이공, 다낭 등 색깔이 다른 도시들, 쌀국수로 대표되는 미식, 관광 비자만 갖고도 아파트를 임대할 수 있는 거주 편의성, 베트남 사람들과 일하기 등 지역 문화에 잘 녹아들 수 있는 조언을 꼼꼼히 담았다.

'여도인' 시리즈

부산

'여행자를 위한 도시인문학' 시리즈 첫 책!

유승훈 지음 | 14,000원

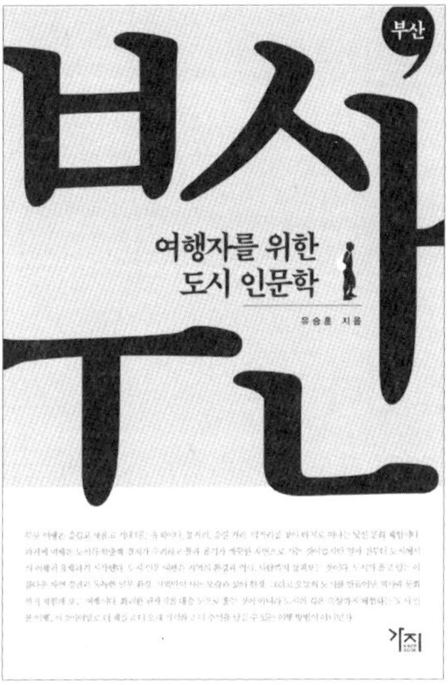

전작 《부산은 넓다》를 통해 부산의 역사와 문화를 밀도 있게 소개했던 유승훈 작가가 인문적 호기심이 강한 여행자들이 부산에 오기 전에 꼭 읽어보았으면 하는 밑지식을 모아 55가지 스토리텔링으로 구성했다. 조선시대부터 일제강점기, 해방 후 오늘에 이르기까지 부산의 역사가 면면히 흐르는 가운데 그것이 부산의 풍경과 맛, 공간과 물건들, 혹은 부산 사람들의 삶에 어떻게 영향을 미쳤는지를 알게 한다.

*'여행자를 위한 도시인문학', 일명 '여도인' 시리즈는 우리가 사랑하는 도시의 풍경과 맛, 사람과 공간에 깃들어 있는 서사를 밝혀 이야기한다.

섬: 살이

섬 학자 김준의 인문적 섬 읽기

김준 지음 | 16,000원

'사람이 사는 섬이 아름답다'는 간결한 메시지에서 출발한 이 책은 우리가 막연히 꿈꾸고 사랑해온 섬에 대해 풍경이 아닌 날것의 삶이 속속이 밴 '살림' 이야기를 들려준다. 오늘날 섬에는 누가 사는지, 어떤 집을 짓고 세간을 마련해 살림을 유지하는지, 섬사람들이 매일같이 하는 일과 삼시세끼 먹는 밥의 역사와 문화, 그리고 섬마을에서 오랫동안 이어져온 생활풍습에 관해 장맛처럼 깊고 질박한 이야기를 풀어낸다.

목포의 내일을 걷다

도시행정 전문가가 뚜벅뚜벅 걸어서 전하는 목포 미래 플랜

김종익 지음 | 15,000원

목포에서 나고 자란 토박이 도시행정가인 저자가 고향 땅 구석구석을 거닐며 쓴 도시탐구 에세이다. 지역경제가 침체되고 사람들 발길도 끊겨 쇠락해가는 소도시의 현실적 문제를 되짚고 대안을 제시했다는 점에서 비단 목포에 국한된 얘기는 아니다. 저자는 흑백사진처럼 정지된 듯한 목포시 구석구석의 풍경과 사람들 사이를 누비며 행정보다 '주민', 외형보다 '삶' 중심의 도시재생 방안을 이야기한다.